让孩子越玩越聪明的

财富游戏

邢群麟◎ 主编

U1007730

少儿潜能开发全脑训练书

吉林出版集团股份有限公司

图书在版编目（CIP）数据

让孩子越玩越聪明的财富游戏 / 邢群麟主编 .
—长春：吉林出版集团股份有限公司，2018.6

ISBN 978-7-5581-5104-0

Ⅰ . ①让… Ⅱ . ①邢… Ⅲ . ①智力游戏—青少年读物
Ⅳ . ① G898.2

中国版本图书馆 CIP 数据核字（2018）第 099321 号

让孩子越玩越聪明的财富游戏

主　　编　邢群麟
责任编辑　齐　琳　史俊南
封面设计　颜　森
开　　本　710mm×1000mm　1/16
字　　数　169 千字
印　　张　14
版　　次　2018 年 12 月第 1 版
印　　次　2018 年 12 月第 1 次印刷

出　　版　吉林出版集团股份有限公司
电　　话　总编办：010-63109269
　　　　　发行部：010-69584388
印　　刷　三河市龙大印装有限公司

ISBN 978-7-5581-5104-0　　定价：39.80 元
如出现印装质量问题，调换联系电话：010-82865588
版权所有　侵权必究

前言

Preface

麻省理工大学斯隆管理学院教授莱斯特·梭罗说:“在尊贵平凡的排序上，财富一直是最重要的指标，而且正日渐成为衡量个人价值的唯一标准。那些拥有大量财富的人应该获得尊重，他们是赢家。”

而社会发展到今天，财富的分布一直都是不均衡的——世界上80%的财富掌握在20%的人手中。人们常常困惑，自己为什么不是这20%中的一员呢？原因有很多，其中之一是我们没有掌握他们所掌握的财富密码。但是，这绝不意味着我们就与财富无缘了，因为财商可以被激发和培养。

财商，英文是Financial Quotient，意思是“金融智商”，不仅指一个人在财务方面的智力，还指一个人对所有财富（泛指所有资产，包括品牌、人脉、时间、技术、固定资产、流动资产……）的认知、获取、运用的能力。而国外有研究发现，一个人的理财观念大多建立在12岁之前，5～12岁时是儿童理财教育的关键期，因为在这个阶段，孩子的金钱价值观和消费观尚未稳定，此时进行理财教育最为合适。

众所周知，爱玩游戏是人类的天性。据科学研究，胎儿在母体内就开始游戏，游戏伴随着人的一生。那些如今已开始享受财富带来的欢愉的人，较其他追逐财富的人更早获得成功，原因在于他们没有把赚钱当成繁重的任务，更没有沉迷于对金钱的追逐，而是把它看作一种通关游戏。他们在获取财富的游戏中大显身手，拥有源源不断的精力和智慧。因此，要培养孩子的财商，财富游戏可谓是最快、最有效的方法了。

本书以三种游戏形式作为开启孩子财商大门的钥匙，让孩子训练财商，提高财商，从而获取源源不断的财富。

1. 趣味财商测试

那些还不知道自己财商如何的人，可以通过财商测试来判定你是否适合投资、是否懂得理财之道。财商测试让你最直接地知道自己的财商，从而了解自己哪些方面需要改变、需要提高。

只有具备了较高的财商，才能在今后的事业中游刃有余，拥有旺盛的人脉，机会自然也就接踵而来，对财富的渴望就有可能变成希望，变成现实。

2. 趣味故事，启发财富之道

本书收录了很多寓意深刻的故事，这些故事通俗易懂，富于哲理，能让你切身体会到财富理念。

无论是亿万富豪还是平民百姓，无论是富商巨贾还是贩夫走卒，他们都不由自主地怀揣财富梦想，有意无意地关注财富故事，在追求财富的道路上把一个又一个的困难当成通关游戏，并在游戏中寻找成功的密码。

3. 趣味财商游戏

书中精选了经典的财商游戏，让你了解富人玩转财富游戏的秘诀，让你在游戏中找到增加财富的应对之策。

本书将如何花钱、如何学习财富知识、如何培养财商能力等融于游戏之中，实践性强，轻松生动，充满乐趣。本书的主旨是让读者在游戏中学习，书中的测试和分析结果只在一定范围内有效，读者不必苛求其科学性。值得注意的是，为了突出本书的实用性，在书中会涉及一些现实情境，比如工作、理财等，虽然青少年朋友当下生活中可能参与不到，但可作为未来人生的参考。

目 录 contents

第一章　提高财商，先要认清你的财商

第二章　提高财商，先要有正确的金钱观

第三章　提高财商，就要了解经济学常识

第五章　提高财商，就要树立理财意识

第六章　提高财商，就要玩转理财工具

第一章

提高财商，先要认清你的财商

你是个高财商的人吗

你能否管理现有的财富，能否利用这些财富为自己带来更多效益，或是利用钱生钱的方法，让自己的财富增值？最重要的一点，是这些财富为你带来的是快乐，还是负担？这就体现了一个人财商的高低。

通过以下几道财商测试题，希望你能够了解自己目前的财商水平，处理好同金钱的关系。选A得1分，选B得2分，选C得3分，统计最终得分。

1. 你在日常消费时，会不会把要买的东西分成“需要的”和“想要的”？

A. 哪能分得清

B. 偶尔考虑一下

C. 当然会

2. 在商场里看中了一件昂贵的名牌衣服，你会：

A. 立即现金购买

B. 信用卡附属卡免息分期购买

C. 等商家促销时购买

3. 当你投资的一只股票从10元跌到了1元，你如何考虑继续投资的风险？

A. 不可能再跌了，风险很低

B. 跌了这么多，风险很高

C. 要结合公司的基本面来考虑

4. 下列哪一项描述符合你的消费习惯？

A. 随意性很大，看当时的心情

B. 有一定的计划，偶尔也会被情绪引导

C. 消费前会列好清单，不被情绪左右

5. 当你发现自己10分钟前离开的那家饭馆少找了一块钱而你的时间相当宝贵，在这种情况下，你会怎么办？

A. 这是原则问题，当然要回来

B. 打电话向那家饭店提意见，并要求收回少找的钱

C. 忘掉这件事

6. 下列哪一项描述比较符合你理财知识的水平？

A. 丰富

B. 一般

C. 欠缺

7. 下列哪一项描述比较符合你最近一个月设定的任务目标执行情况？

A. 有很多目标没开始多久就取消了

B. 有少量任务在中途不得不修改或取消

C. 绝大部分都按时完成了

8. 好朋友向你借钱，他和你有深厚的感情，那么你会怎么做？

A. 即使友情深厚，也不借钱给他

B. 竭尽所能来帮助他

C. 在手头宽裕的情况下帮助他，但让他写借条并注明归还日期

9. 为了应付突发事件，你准备了一部分可以快速变现的流动资金，按你最近6个月平均消费标准计算，这笔资金相当于你几个月的花费？

A. 1个月以内

B. 2～4个月

C. 5～7个月

10. 你是否会经常阅读一些财经类刊物，关注国际国内的财经新闻？

A. 不怎么留意

B. 偶尔关注

C. 已经养成了习惯

分析结果

14分以内：你要小心“你不理财财不理你”，阅读理财方面的书籍对你来说是当务之急。多听、多看，行动起来，马上补上财商这一课吧！

15~24分：你对财商的认识一般，知识储备略显不足，执行力还有所欠缺。建议你多听听理财专家的意见，多交流沟通，让你的财商更上一层楼。

25~30分：你的财商水平很高。你对财商的认识很深刻、知识储备很足，能够很好地控制自己的情绪，用理性的眼光分析问题，继续保持住就可以了。

你能看清自己的财富动机吗

人的财富动机由生理性动机和社会性动机组成，前者包括财富所带来的美食、香车、别墅，享受美好生活；后者包括自我肯定，自尊提升，虚荣的满足，对不可控因素的预防和保障，友谊和爱情甚至巅峰体验。以下测验，就是帮助你了解自己对金钱的渴望背后，是由什么因素决定的。

请对以下描述做出是或否的选择。

1. 我努力挣钱只是想要别人对自己的表现做出好的评价。

2. 自己的表现使周围的人失望就糟糕了。

3. 我很讨厌贫穷。

4. 经济拮据使我烦恼。

5. 我努力挣钱只是想要别人知道自己在社会生活中占有重要地位。

6. 重要的是要有人以我为豪。

7. 正因为能挣到的比别人多，我才感到满足。

8. 想使自己的收入能够让家人感到满意。

9. 挣到一大笔钱时最令人愉快。

10. 比别人挣钱多是非常重要的。

11. 挣钱的最大目的是看到自己能力（水平）的提高。

12. 挣钱是为了发展和证明自己的能力。

13. 我挣钱是为了学到更多的社会知识。

14. 把自己的能力很好地发挥出来是非常重要的。

15. 挣钱的目的是获取自己能力的最好证明。

16. 通过挣钱多少知道自己的能力是否得到了提高，比任何事都值得高兴。

17. 重要的是完成好自己的任务。

18. 挣钱的目标是把自己作为竞争对手的人比下去。

19. 自己得到能力的提升比争输赢更重要。

20. 挣钱本来是为了发展自我。

21. 挣到大钱比个人成长更有意义。

22. 挣钱的目的不是钱，而是发展自我。

23. 挣钱的目的主要不在于和对手竞争，而在于向自己到底能够做到什么的可能性挑战。

24. 在工作中，挣到大钱是最大的目的。

25. 挣钱非常快乐。

26. 挣钱时，我感受到活力和兴奋，使人快乐。

27. 我把挣钱作为检验自己能力的机会，积极参与。

28. 我期待着在挣钱中检验自己的能力。

29. 作为一个人必须有对财富的坚定追求。

30. 与社会公益类工作相比，从事竞争激烈的商业工作更有干劲儿。

31. 工作不过是单纯的职业而已。

32. 获取财富比公平竞争更重要。

33. 从事工作不仅仅是为了挣钱。

34. 在工作中我会尽自己的最大努力做好它。

35. 在工作中不挣到大钱就没有意义。

36. 只要尽到了最大的努力，即使挣不到钱我也能想得通。

分析结果

1～10题：是，1分；否，0分。

6分以上者表明你挣钱的愿望来自想得到他人认可，希望通过多挣钱，让别人明白你的价值所在，并因此认为你是一个不错的人。

11～18题：是，1分；否，0分。

5分以上者追求财富的目的是想通过挣钱的行为来提升自己的能力，在你的价值体系里默认金钱和能力是呈正比关系的，愿意通过财富的积累来提升自己的能力。

19～23题：是，1分；否，0分。24题：是：0分；否，1分。

4分以上者财富动机指数并不高，在你看来，挣钱不是目的，通过挣钱得到个人的成长和丰富的人生阅历，挑战自我才是真正有意思的事情。

25～28题：是，1分；否，0分。29~30题：是，0分；否，1分。

4分以上者对以后的工作具有极高的热情，工作就是生命，即使不挣钱，忙碌中才能够感受到真实的自我。工作将让你有快乐和兴奋的感受、积极和期待的体验。你的热情决定了你特别能够胜任社会工作者的角色。

31、33、34、36题：是，1分；否，0分。32、35题：是，0分；否，1分。

4分以上者对将来的工作的态度极为认真、努力。在你看来，无论报酬怎样，先做好工作是最重要的，其他的一切自然而然会到来。

你能否实现自己的发财梦

你是否也梦见过自己的枕边有黄金万两呢？你的黄粱美梦是终将实现呢，还是会被现实击得粉碎？做个测试看看吧。

一个垂暮的老人独自站在高楼的窗前眺望窗外繁华的街道，你猜他在看什么呢？

A. 停在街道旁的名车

B. 不停闪烁的红绿灯

C. 热恋中的情侣

D. 路旁高大茂密的树

分析结果

选择A：财富是你毕生最大的追求。你是一个拜金主义者，总是在憧憬和渴望幸福豪华的生活。你有很好的理财观念和能力，是个很有办法的人，为达到致富的目的，甚至不择手段。

选择B：你很少做关于钱财的白日梦。你是个规规矩矩的人，胆小而懦弱，做事谨慎，你绝对不会想靠赌博或者买彩券一夜暴富。你要发大财很难，但是可以做一些财会工作，在这方面，你的才能和特长就能发挥出来了。你是依靠高薪致富的人，跟你一起生活会稳中有升，倒是个不错的结婚对象。

选择C：你发财的欲望不是特别强烈，也许只是停留在想想而已的层面上。因为你太乐观，所以把发财梦想得太简单，现在你要做的就是把致富的目标定得低一点，切合实际一些。你非常注重人际关系，交了许多朋友，是个标准的乐观主动的人，性格开朗、坦诚，不发财也不要紧，朋友也是一笔珍贵的财富！

选择D：你总把自己的发财梦控制在最近能够实现的范围内，所以你很少惊喜也很少失望。你是个很现实的人，总是把目标定得不高不低，容易实现。这种做法非常可取。最根本的原因是你诚实，脚踏实地，不张扬、不武断，对待上司忠实而认真，是个不错的副手。

你有赚大钱的能力吗

贫穷并不是某些人的专利，谁都可以通过自己的努力，改变贫穷的命运，成为财富拥有者，但是成为富人需要智慧和能力，这种智慧和能力你具备了吗？来做一个小测试吧。

请用“是”或“否”来回答下面的问题，回答“是”记1分，回答“否”记0分，并累计最终得分。

1. 在买东西时，会不由自主地算算卖主可能会赚多少钱。

2. 如果有一个能赚钱的项目，但是你缺乏资金，你会借钱投资来做。

3. 在购买大件商品时，经常会计算成本。

4. 在与别人讨价还价时，会不顾及自己的面子。

5. 善于应付突发事件。

6. 愿意下海经营而放弃拿固定工资。

7. 喜欢阅读商界人物的经历。

8. 对于自己想做的事，就坚持不懈地追求并达到目的。

9. 对于新鲜事物反应灵敏。

10. 曾经为自己制订过赚钱计划并且实现了这个计划。

11. 在生活中敢于冒险。

12. 能够很好地与人合作。

13. 经常阅读或收看财经方面的文章或节目。

14. 善于分析形势或问题。

15. 喜欢考虑全局与长远问题。

16. 在碰到问题时能够很快地决策。

17. 经常计划该如何找机会去挣钱。

18. 做事最重视的是达成目标与结果。

分析结果

如果你的得分在12分以上，这意味着你已经具有一定的赚钱的心理基础了，可能你还具备了较强的赚钱能力，你可以考虑选择一个项目大胆地去干。如果你的得分在12分以下，那么，你在准备投身于某一个项目之前，不妨再学习或训练一下自己的赚钱技巧吧。

从事什么职业能让你财源滚滚

你是否为自己在学习中的付出与回报不成正比而苦恼呢？你是否还处于学文还是学理的抉择中？那就请你做下面的测试，来看一下你从事什么职业最容易发财。

以下的4种花，你最喜欢哪一种？

A. 玫瑰

B. 木棉

C. 郁金香

D. 香水百合

分析结果

选A：你是个浪漫而无拘无束的人。你追求宽松的生活空间。你具有很高的艺术天分。但是需要注意的是，能使你发财的职业并不是从事体力劳动，而是从事脑力劳动。

选B：木棉花是一种很朴素的花。选择木棉花，说明你为人爽直，并不是个城府很深的人。因此，你不适合从事与经营相关的职业，如果你具备一定的文学艺术天分，写作将会是使你挣大钱的职业。

选C：你是一个感情丰富的人，但做事容易虎头蛇尾。因此，如果你能对一件事做到从头到尾、保持一丝不苟的态度的话，你就离实现发财的梦想不远了。

选D：你是一个对待生活态度十分严谨的人。你总是能将自己的生活安排得有条不紊，你喜欢洁净，有很高的创造力和审美能力，如果你选择了一份很适合你的好职业，你就很可能会成为下一个“百万富翁”。

你的财富看涨指数有多高

如果你有充足的时间和资金外出度假，你更愿意选择哪种交通工具？

A. 乘坐火车

B. 自己开车

C. 乘坐飞机

D. 搭乘游艇

分析结果

选A：财富看涨指数20%。

你是一个十分现实的人，将会专注于自己所从事的职业，赚钱目标也总是客观而容易实现，但在理财方面或多或少缺少一点闯劲儿和激情。

选B：财富看涨指数50%。

你敢于冒险的性格有利于你达到可观的赚钱目标，但还要学会控制风险，这样财富才能稳步增长。

选C：财富看涨指数90%。

你是一个标准的乐观主义者，懂得分享与包容，并且能理智选择自己能力范围之内的赚钱方法和赢利目标。

选D：财富看涨指数35%。

你头脑聪明，只要有时间就能学会实用的赚钱技能，一旦时机成熟就能令人刮目相看。

十年之后的你会是富翁吗

一个人的命运往往是由性格决定的，同时性格也决定了一个人的财运，下面的测试就可以测出10年之后你是穷人还是富人？

如果你是个大胖子，正努力减肥时，你的朋友却想请你吃大餐，你直觉他的心态是什么？

A. 只是顺便叫你吃饭，没有什么意思

B. 根本就是故意取笑你

C. 逗你开心希望你轻松面对减肥

D. 心疼你挨饿减肥太辛苦

E. 考验你减肥的意志力够不够坚定

分析结果

选A：你会默默地努力，充实专业，10年后的你会衣食无忧。这类型的人性格老实、比较单纯，虽然不会大富大贵，但还是会因为专业而赚很多钱。

选B：你太爱享受，10年后的你会沦落到跟亲友借钱度日的地步。这类型的人孩子气十足，认为自己很开心很好，而且心肠很好、耳根子很软。

选C：你打拼猛赚钱的个性，让你有机会在10年后迈入亿万富翁的行列。这类型的人傻人有傻福，觉得努力打拼就好了，而且很容易执着于一件事情，非常用心。

选D：你缺乏打拼的动力，10年后的你，还是只有这么多钱。这类型的人比较安于现状，会品味人生，工作的挑选以合乎其尊严或喜好为主。

选E：你是个潜力无穷的理财高手，10年后的你虽不会大富，却也是个绩优股。这类型的人学习能力很强，善于判断分析，因此很有机会成为绩优股。

你能不能成为富翁

森林里一只正在觅食的动物与你相遇，你觉得和它似曾相识，而它也觉得你像是它久别重逢的朋友。它兴高采烈地跑过来和你打招呼。你觉得它会是以下4种动物中的哪一种？

A. 羊

B. 马

C. 狗

D. 兔子

分析结果

选A：你只要肯努力，愿意下功夫，成为百万富翁就不是梦想。

选B：你只是默默地、脚踏实地地工作，会有一些积蓄，却不会有一掷千金的可能。但是你储蓄存钱能够使自己的生活有保障。

选C：你很有可能会辛苦一生却与富贵无缘。

选D：你财运亨通，事业会逐渐地愈做愈大，将来有可能成为大财主哦！

怎样做才能更有钱

每个人都梦想自己可以发财，但是要想富起来不是件简单的事。现在就来测试一下，你要怎样才能富起来。

你独自在郊区度假，突然间心情不太好，这个时候你会安排什么活动来调节自己低落的情绪？

A. 待在自己的房间里抱着枕头发呆

B. 一个人在郊外漫无目的地步行散心

C. 打电话叫朋友过来一块儿聚一聚

分析结果

选A：你是有思想的一类人，但是有时候你也会固执己见，别人的说法和一些新鲜事物很难打动你，这个特质为你带来更安全的财务规划的同时，也令你错失了发财的良机。你想得够多，但执行力不够强，这同样阻碍了你的发财致富之路。你现在最需要做的就是扫除顽固，积极行动！

选B：你是一个非常重感情的人，但当面对别人借钱，该说“不”的时候就要坚决地说出来。

选C：你是天生的乐天派，想要致富就得坚决控制过分乐观的习惯。面对痛苦和困难，有时你会做逃兵，用购物来扫除内心的苦闷是你的习惯，也是阻碍你致富的障碍之一。

你是“富翁胚子”吗

如果你要和另外3个人共同乘坐一辆出租车，通常会选择哪一个位子？

A. 司机旁边的位子

B. 后排中间的位子

C. 后排右边的位子

D. 后排左边的位子

分析结果

选A：你很理智，懂得遵守市场规律，不会出现判断失误的情况。如果你真的遇到了麻烦，你会理智地选择放弃，然后去寻找新的目标。你总能镇定自若，不会因一些突发事件而手忙脚乱，因此，你总有一天会实现发财梦。

选B：你并不适合做生意，因为你的内心脆弱，无法承受生意中出现的挫折与危机，更无法很好地去处理问题、化解矛盾。你适合选择做一项你喜欢的较为稳定的工作，过安详平和的生活。

选C：你可能是家中的老大，做事喜欢精心策划，你非常细心，会在花钱之前想到一切后果。你对任何突发的危机都会有所准备。如果你发现不放弃会使利益减少的时候，你会义无反顾地放弃。

选D：你是一个封闭自我且自以为是的人。你的固执会让你在追求梦想时用尽全力，但你也需要在做事的过程中审时度势。学会选择放弃也不失明智之举。

你的“钱贵人”是谁

很多人都梦想拥有数不尽的财富。但追逐梦想的路途充满坎坷，谁会是你生命中的金钱贵人呢？来做下面的测试吧，请从第一题开始，选择合适的答案，并根据提示转到相应的题目。

1.好不容易熬到“十一”长假，你打算和朋友一起去旅行，朋友建议坐豪华游轮去玩，你会：

A.欣然接受，这样挺新鲜→2

B.选择坐飞机，因为飞机更舒服和快捷→3

2.最终你还是和朋友一起坐游轮去旅游，第一次坐豪华游轮，你会参加什么活动？

A.新奇的化装舞会→5

B.正式的晚宴→4

3.虽然不大情愿，但在朋友的怂恿下，你还是决定坐游轮去旅行，你会和朋友选择哪种旅行方式？

A.专为情侣设计的甜蜜旅行→6

B.专为陌生人设置的缘分旅行→5

4.到了下午茶时间，看着桌上丰盛的食物，你会先：

A.尝遍各类罕见的饮品→6

B.吃遍所有新奇的小吃→8

5.在化装舞会的最后颁奖评选中，你认为获奖的装扮是：

A.最新款式的性感超人→7

B. 复古式的中世纪骑士→4

6. 晚宴时，你发现周围的人都沉浸在浪漫的烛光晚餐中，看着你身边的好友，你会：

A. 感觉有些尴尬，急忙调换话题→7

B. 既然来了，就大胆约对方共进晚餐→10

7. 你会把自己随身携带的照相机的第一张照片留下来拍哪个景色？

A. 日出→8

B. 日落→9

8. 在游轮上，你觉得自己最先会结识：

A. 自己的老乡→10

B. 外国朋友→9

9. 你在游轮上遇到了你的高中同学，你认为她此次来是：

A. 一个人散心→11

B. 和家人一起度假→12

10. 你认为这次乘游轮的最大收获在于：

A. 结识新朋友→13

B. 挑战自己的生活→12

11. 你会把自己随身携带的照相机的最后一张照片留下来拍：

A. 景物→13

B. 人物→17

12. 碰巧游轮上举办了大型晚会，你最不希望看到哪类表演？

A. 马戏团表演→15

B. 京剧大联盟→16

13. 你会因为晚会上人很多很热闹而觉得不安与寂寞吗？

A. 会→15

B. 不会→14

14. 很会交际的你，那天晚会上会：

A. 因为高兴广泛交际→17

B. 不动声色地躲在角落→16

15. 如果有机会的话，你希望在游轮上结交：

A. 你的偶像→B型

B. 导演或制作人→C型

16. 在晚会上，发生了一件最让你出丑的事，你觉得会是：

A. 当众绊倒在舞台上→E型

B. 被不小心的人泼湿了衣服→F型

17. 最终到了目的地，你会觉得：

A. 意犹未尽，回来时再坐一次→A型

B. 坐一次就够了，还是按照原计划，乘飞机返回→D型

分析结果

A型：你的金钱贵人就是你自己，未来你的前途不可限量，财运亨通的你以后会靠双手开创属于自己的美好未来，虽然有时你会觉得很辛苦，但是切记，你的自立和自强可以让你摆脱重重阻碍。

B型：不论你现在怎样，在以后的生活中，一定会有一个肯为你花钱的情人，从对方身上，你可以不费吹灰之力得到很多利益，这实在让人羡慕，但有得必有失，在你得到利益的同时请想

清楚自己失去了些什么，一辈子都依靠别人是不可能的事情，你的内心是不是充实，只有你自己心里最清楚。

C 型：你很幸运，因为你将会有一个很棒的配偶，他有可能很有钱，即使不是很有钱，他也愿意在你身上花钱，他就是你的金钱贵人。如果你可以给予他帮助的话，你一定会变得富有。即使你们不富有，如果婚姻幸福美满的话，同样是令人羡慕的一对啊！

D 型：你的金钱贵人是你的双亲，在家里他们会把你当掌上明珠一样疼爱与呵护，你要什么，他们都会尽量地满足你，但父母毕竟不能陪你一辈子，所以，希望你尽快长大，学会独立去创造财富，那样你的金钱运才会更旺盛。

E 型：你有可靠而有钱的朋友，在关键时刻对方总能给予你帮助，也许有时你会很羡慕对方，但羡慕可以，不过不要嫉妒，否则最后惨败的还是你。你应该学会如何利用你身边的人际关系，而不是因为嫉妒使这份友情变质甚至破裂。

F 型：你的金钱贵人是你的敌人。这个敌人指的范围很广，可以是你的情敌，也可能是你将来工作上的竞争对手，总之，这个人会出现在你的生活中，与你的生活密切相关，所以，还是很值得你注意的，其实他算不上是你的贵人，但是聪明的你如果可以化敌为友，相信对方也可以为你带来一笔不小的财富！

你是哪种亿万富翁

成为亿万富翁是很多人的梦想，假使你一觉醒来变成亿万富翁，你会是哪一种亿万富翁的类型呢？

累了一天回到家，当你推开家门，直觉中你养的猫会有什么反应？

A. 偷偷藏起来

B. 舔自己的脚掌

C. 举起脚跟你打招呼

D. 大跳霹雳舞

E. 乖乖睡觉

分析结果

选A：你属于“勤俭抠门型”的亿万富翁。你吃苦耐劳、凡事精打细算。这类人经常把吃苦当成吃补，他们的内心深处有传统的美德，不会浪费一分钱。

选B：你属于“优质败家型”的亿万富翁。你很懂得享用生活，很舍得花钱宠爱自己。这类人认为钱花在自己身上才有意义，否则钱只是个数字而已。

选C：你属于“热心助人型”的亿万富翁。这类人付出的时候，会感觉自己内心的收获比获得金钱更富足。

选D：你属于“比尔·盖茨型”的亿万富翁。你很享受自己的工作，容易成为话题人物。这类人不管是工作成就还是心灵成长，其世界观都能推动周围人的进步。

选E：你属于“爱作怪型”的亿万富翁。有钱你就开始作怪，甚至会想上太空。这类人鬼点子很多，当他们有钱之后，就会想尝试各种各样的新点子。

吃相看事业与财运

中国人是最讲究“吃”的民族。三五好友“聚餐”联络感情；商务往来少不了“饭局”撑腰；逢年过节总是少不了“大餐”增加气氛。在聚餐时，不妨细心观察一番，从一个人的吃相，也可以看出该人的财运。

在饭局或者聚餐时，你的吃相是怎样的？

A. 来者不拒型

B. 吃完一种食物再吃另一种者

C. 将食物分割成若干小块逐一食用者

D. 仔细咀嚼型

E. 浅尝辄止型

F. 独食独享型

G. 饮食过量型

H. 风卷残云型

分析结果

选A：这类人个性随和，不拘小节，多才多艺，可以同时应付多种情况。

选B：这类人极富心机，对每一件事都极为专注，不会忽略某人和某事的细枝末节。

选C：这类人小心而谨慎，做任何事都很细致。但有时难免流于保守和顽固，善处守势，不习惯采取攻势。

选D：这类人办事态度周详、严谨，无把握的事绝不做，爱挑剔，对人有时过于冷酷。

选E：这类人个性保守，行为谨慎，墨守成规，稳健有余而闯劲儿不足，一般是守业者而非创业者。

选F：这类人不愿与人分享，性格多半坚毅沉稳，责任心强，言行一致，信守诺言，性格冷僻。

选G：这类人性格直爽，喜怒溢于言表，从不掩饰自己的感情，且不善于细致的思考。

选H：这类人个性豪放，精力旺盛，办事果断，待人真诚，具有强烈的竞争心和进取精神。

从吃快餐食物测试你的财运

现在的你很饿，你来到了一家快餐店，点了以下4种食物，请问你会先吃(喝)哪一个？

A. 牛奶

B. 汉堡

C. 薯条

D. 蛋糕

分析结果

牛奶——你的自制能力很强，不会轻易进行自己不熟悉的金钱交易，并且你很注意资金安全。

汉堡——你做事计划性强，不愿意尝试高风险的投资活动，但是只要你努力工作，将会有很不错的职业前景。

薯条——你这种类型的人思维活跃，具有很强的赚钱能力，但是要在生活中注意开源节流。

蛋糕——你有很强的冒险精神，希望通过高风险的投资活动快速获取财富，如果时机把握得好，你会在短时间内发一笔财，但如果时机不对，就有可能损失很大哦！

你未来是否会负债

如果你要去银行取100元钱，下列3种组合中，你最喜欢哪一种？

A. 1张100元

B. 10张10元或1张50元以及5张10元

C. 两张50元

分析结果

选A：将来的你随着年龄的增长，存款也会逐渐增多。这类人在经历过人生的高潮和低潮之后，会觉得钱非常重要，因此会慢慢重视经营和存钱，有钱他们才会有真正的安全感。

选B：你对家人和自己很慷慨，小心最先负债的人就是你。这类人非常懂得赚钱，可是由于心太软了，只要家人或朋友跟他开口他就会借给对方，因此这类人要量入为出。

选C：你不会乱花钱，存款完全都在你的掌控之中。这类人懂得开源也懂得节流，财富的收支完全都在自己掌控之内。

从海滩奇遇测“财智”

由于生活太乏味，你突然想去海边散心，到了海边，你悠然地在海滩散步，你觉得自己会见到什么东西？

A. 带刺的海胆

B. 奇怪的海星

C. 弯弯曲曲的章鱼

D. 一只小海龟

分析结果

选A：你的财商水平不高，因此需要加强投资理财方面知识的学习。

选B：你的财商水平很高，是个理财高手。

选C：你的财商水平一般，在日常生活中你可以做到量入为出，但是如果想使自己的生活更加富足的话，还是要拓宽自己的投资理财渠道。

选D：你是天生的富翁，发财只是时间早晚的问题。

从猴子着地测“财商”

如果有一天你看到一只猴子从树上跌下来，你会认为猴子哪部分先着地呢？

A. 头部

B. 臀部

C. 脚

D. 上臂

分析结果

选 A：你是绝对不肯吃亏的，无论是与朋友一起吃饭，还是跟人合作办事，到分账的时候，你都会斤斤计较。

选 B：你对金钱反应迟钝，只要朋友开心，你会毫不犹豫一掷千金。正因为你的这种性格，吝啬与你无缘，朋友们也视你为大好人。

选 C：你是个慎重的人，有点小气，偶然也会大方一番，以避免他人讲闲话。

选 D：你脑筋转得快，能干，很少吃亏，与朋友一起吃饭千方百计不想付款，小气程度可想而知。

你是否善于经营财富人脉

对于“人脉”两个字，许多人心存迷思，在你还没明白人脉到底是什么之前，怎么谈得上去找到你的“人脉入口”？建议你先将自己对人脉的迷思勾选出来，看看你到底是属于“铁齿型”“软脚型”“唬烂型”“全灭型”中哪一类，然后根据分析找对方向，找到你的人脉入口。

1. 人脉好不就是攀关系嘛，我才不做这种事。

2. 我没什么要求人的事，哪需要人脉？

3. 我的时间很紧，哪有时间建立人脉？

4. 现在努力加强专业能力就好了，建立人脉是以后的事。

（以上归类为铁齿型）

5. 我脸皮薄怕被人拒绝，建立人脉太难。

6. 别人讲话我只有听的分儿，怎么建立人脉？

7. 我的生活范围就是办公室和家中，去哪里建立人脉？

8. 周末只想睡大觉，别说人脉，连门都懒得出！

（以上归类为软脚型）

9. 有人脉就会好办事，我做事最吃得开！

10. 有人脉，升迁就像坐电梯；没人脉，升迁就像爬楼梯！

11. 人脉要过滤，没利用价值的人，不用浪费时间！

12. 我认识许多社会人，人脉好得不得了！

（以上归类为唬烂型）

13. 如果朋友有难，我就会两肋插刀，我用血泪换人脉。

14. 周围的人都躲着我，人脉出现大危机。

15. 每次提出要求都石沉大海，人脉实在不可靠！

（以上归类为全灭型）

分析结果

铁齿型：你能力很强，做事很有自己的一套，但现在是一个讲究团队协作的时代，单打独斗既不能拓展格局又不能持久，因此适时分享你的经验，或是帮助其他人，会对你的提升有很大帮助。

软脚型：你性格内向而且不善交际。其实经营人脉可以从当一个好的倾听者开始，建立别人对你的信赖感，在闲暇的时间参加跟自己兴趣有关的社团活动，例如旅行团等，增加认识朋友的机会，这将对你今后的发展起到重要作用。

唬烂型：你应该放下身段、脚踏实地经营自己的专业实力，这样才能走得远走得稳，不要整天计算周围人的利用价值，因为你利用别人一次，人家不但会永远记得，还会告诉别人。

全灭型：你的人脉已经亮起红灯。你用错误的观念去经营人脉，不但危及了自己，甚至可能有触犯规定或犯法的可能，劝你重新检视自己对于人脉的定义。

阻碍你发财的障碍是什么

据统计，世界上80%的财富都被掌握在20%的富人手中。如果我们将这些财富平均分给世界上的每一个人的话，经过不到5年的时间，它们最终还是会流入富人的口袋。这种现象为什么会发生呢？究竟是什么阻止了你发财致富呢？想知道答案的话，就来做做下面的这个测试吧！

在一个夜深人静、寒风凛冽的夜晚，一个人刚和恋人分手，再加上工作中的种种挫折，这一刻，仿佛世界上所有的不幸都降临到他头上。他十分无奈地呆坐在公园里，但总是有一些不大顺眼的事（人）物在他的眼前经过，使他倍感惆怅。假如他希望某一种事（人）物可以在他面前消失，那么以下4项中，他会选择哪一项？

A.狗

B. 花坛

C. 秋千

D. 小男孩

分析结果

选A：你是一个大而化之的人，总是不能很细心地为别人着想，因此你周围的人会觉得你有点自私。你需要注意的是，在关注自己的事情的同时，请多体谅别人一点。

选B：你不会轻易把心事吐露给别人，多和别人沟通交流将会利于你发财。

选C：你是一个心直口快的人，因此很容易得罪人，也就阻碍了你发财致富。

选D：你总是因为太在乎别人对你的看法而隐藏自己的本意，想要发财致富，就要在别人面前多表现真正的自己。

你的经商能力如何

每个人的高级神经系统类型、气质、性格不同，从小所处的环境、接触的事物、得到的锻炼和所受的教育不同，其能力倾向会表现出个体之间的差异。经商能力也不是与生俱来的，有的人一向很有经济头脑，精于计算，善于捕捉各种商机；有的人则拙于投资理财，对商业信息反应迟钝。下面有15道问答题，可以用来测试你的经商能力倾向。请你仔细阅读每一道题，根据你的真实想法和实际情况在A、B、C、D四个答案中选择一个最适合自己的。

1. 听到“官司”时你首先想到什么？

A. 民事纠纷

B. 各种刑事犯罪

C. 有限责任

D. 税务稽查

2. 你的商业观属于以下哪一种？

A. 商业是打发时间的好方法

B. 如果不愁吃穿，不会去从商

C. 商业是实现自我的有效途径

D. 商业是一个令人兴奋、心跳加快的领域

3. 玩“大富翁”游戏时，你通常采取何种战略？

A. 为了在沿海或公园地区兴建旅馆，展开疯狂大借款

B. 害怕破产，在游戏中谨慎地保住自己的财产

C. 买下路段收取租金，静待它涨价

D. 为了从银行提钱，尽量弄到“特别提款权”

4. 你对储蓄的看法？

A. 不必依靠他人而成功的办法

B. 将人们导向投资市场的“一只隐形的手”

C. 万灵丹

D. 避免生活不安的必要手段

5. 下列商业巨子你最欣赏哪一个？

A. 海夫纳

B. 摩根

C. 洛克菲勒

D. 艾文

6. 听到“安全”时你立刻想到什么？

A. 防盗锁

B. 和平

C. 合同或保险

D. 某地发行10年期、利息为12.75%的公债

7. 你生平第一次赚钱是通过什么方式？

A. 小学时因为成绩优秀获得奖励

B. 捡拾破铜烂铁拿去卖

C. 参加有奖竞赛活动

D. 打零工，如卖报纸、修理草坪等

8. 你的股市投资哲学属于下列哪一类？

A. 省下一块钱就是赚了一块钱，谨慎入市

B. 为预防将来生活出现困难，宁可储蓄

C. 分析证券公司的各种资讯，分散投资

D. 探听那些投资大户的动向，合理跟进

9. 你认为下列何种能力是商场上制胜的关键？

A. 幽默感

B. 亲和力

C. MBA的资格

D. 敏锐的分析能力

评分标准

题号	1	2	3	4	5	6	7	8	9
A	1	2	3	4	2	1	3	2	2
B	2	1	1	3	4	2	1	1	3
C	3	3	2	1	3	1	4	3	1
D	4	4	4	2	1	3	2	4	4

分析结果

20分以下：在此只能为你感到惋惜，你确实不适合经商，没有必要再去读MBA了。在你身上没有一点商人的特质。

21~25分：你的经商能力还不够，对你来说，最好的储蓄方法是买张奖券。你也许有一点艺术天分，要知道，并不是每个人都有艺术细胞，你一定不要荒废了这个优势，选择一份合适的工作，充分发挥你的艺术能力吧。

26~30分：你的经商能力不错，可是单位主管的职务比经营者更适合你，不过不必气馁，你具有成功商人的特质，你尽可以发挥自己的特长，在主管类的工作上做出更杰出的成绩。

30分以上：恭喜恭喜！你具有非凡的商业才能，能敏锐地捕捉商业信息，并能驾驭市场，同时你也是注意力集中、思维清晰的工作狂。

第二章

提高财商，先要有正确的金钱观

驾驭金钱，而不是让金钱奴役你

有个亿万富翁，一天因为工作问题而烦躁。他的办公室里温度适宜，然而，他还是感觉热，浑身要出汗。他踱步到窗前，顺着窗户向外看，只见一个拉板车的人正躺在夏日炎炎的大街上，呼呼地睡得正香，而给他遮挡太阳的仅仅是板车旁的一点点阴凉。富翁很纳闷，他问助手，那个人在这种情况下怎么睡得这么香。助手说："你想让他睡不着吗？很简单，给他10万块钱。"富翁按照助手的意思去做了。

这下，那位拉板车的可真睡不着觉了。他拧拧自己的大腿，怀疑自己是不是在做梦，当确信无疑时，他开始琢磨开了，这10万元该怎么花？他想买座别墅，可是又不够。想买辆车搞出租，可是没有生意怎么办？想开个店吧，若亏本，就太可惜了。

就这样，他实在是不知道该怎样花这笔钱。于是，日夜思考，觉也睡不好了，饭也吃不香，连拉板车也没心思了，弄得他后悔不已，直喊："不该接受这笔钱。"

如果你得到了一笔很大数目的钱，你会像那个拉板车的人那样为金钱六神无主吗？

分析结果

金钱是一种财富的"综合代表"，却不是财富本身。金钱是一种交换财富的手段，而不是财富的实体。金钱不是万能的，因为它也有买不到的东西，但没有钱又是万万不能的。

我们要赚钱，要理财，要掌控金钱，这都是因为金钱能让我们生活得更好。在商品经济社会，人须臾离不开钱。因此，人们必须设法赚钱，再用赚来的钱购买自己生活所需要的物质和服务。由于金钱的重要性，庸俗肤浅的人误把钱当成人生目标，从而变成了钱的奴隶。甚至出现了这样一种现象：用违背良心的办法赚钱，用损害健康的方法花钱。

可见，我们要驾驭金钱，而不是让金钱奴役你。

从选果汁的种类判断金钱欲望

当你参加一场宴会时，服务生端着果汁向你走来，托盘中有装着不同分量果汁的杯子，在以下4种情况中，你会选择哪种？

A.空着的杯子，服务生会按你的要求倒入果汁

B.已经装着半杯果汁的杯子

C.装有七分满果汁的杯子

D.装着满满一杯果汁的杯子

分析结果

选A：你的金钱欲望非常强，但是你不清楚自己到底有多少钱，因此你是一个会赚钱的穷人。

选B：你做事非常谨慎，对金钱的处理也同样谨慎，因此你是一个对金钱并没有太大欲望的人。

选C：你做什么事都会留后路，你的自制能力很强，不会轻易进行危险的金钱交易，所以你是一个对金钱欲望十分强烈同时也是善于支配金钱的人。

选D：你是一个对金钱非常贪婪的人，所有的东西你都想尽收眼底。

从戴假发看你的金钱观

有一位老人戴着假发外出，此时吹来一股强风，你觉得老人的假发会怎样？

A. 他的假发会被吹向一边

B. 他的假发会被吹得乱七八糟

C. 他的假发会被风吹跑

分析结果

选A：你对钱斤斤计较，从不乱花钱，但由于你过于小心谨慎，不敢把钱用来投资或创业，因此发大财的可能性比较小。

选B：你努力赚钱，并把收入当成荣耀的象征。你很重视赚钱的重要性，但在赚钱的同时也请你注意，千万别忽视自己的健康。

选C：你把钱看得并不是那么重要，在日常生活中经常花钱没有节制，缺乏对金钱的掌控能力。

金钱焦虑症离你有多远

君子爱财，不喜欢金钱的人可以说少之又少，但每个人对金钱的态度又不尽相同。有人会尽情享受，有人却惜财如命；有人因害怕失去金钱而焦虑不堪，有时甚至会严重到害怕赚钱或拥有金钱的地步，专家学者将这种状况称为“金钱焦虑症”。在某种程度上，你是否也存在着金钱焦虑呢？不妨做做下面这个测试，看看你的金钱焦虑指数有多高。

测试包括19个题，每个题都与对金钱的态度有关。从A.从来不；B.有时候；C.常常；D.经常（近乎一向如此）这4个选项中选择最适合自己态度的答案，选A记1分，选B记2分，选C记3分，选D记4分。全部作答完毕，再根据记分方式算出总分。

1.我担心赚钱会使自己迷失人生方向。

2.我担心朋友若知道我有钱，会向我借钱。

3.我担心如果我赚太多钱，会面对复杂的税务问题。

4.我担心不管我赚多少钱，永远也不会满足。

5.我担心如果我有很多钱，别人喜欢我是因为我有钱。

6.我担心钱会使我沉溺于所有的恶习。

7.我担心如果我赚的钱比朋友多，他们会嫉妒我。

8.我担心如果我大把大把地赚钱，钱会控制我的生活。

9.我担心如果我有钱，别人一有机会就想欺骗我。

10.我担心钱会成为我追求真理的障碍。

11. 我担心如果我有很多钱，我会一天到晚害怕失去它。

12. 我担心钱会使我变得贪婪，并且过分野心勃勃。

13. 我担心管理为数不少的钱会无故地给我造成负荷和压力。

14. 我担心如果我赚了很多钱，我会失去工作的意愿。

15. 我担心如果我有很多钱，我会利用钱去占人家便宜。

16. 我担心拥有很多钱会使我的生活不再单纯。

17. 我担心金钱真是万恶之源。

18. 我担心拥有大量金钱会使我陷入失败的境地。

19. 我担心我没有能力处理巨额钱财。

分析结果

19~23分：焦虑指数 ★

虽然焦虑指数低与成功有关，得分太低却可能显示这种人缺乏雄心。焦虑指数低但处于可控制的程度，表示具有可改变或改善生活的良性关系。如果你得分很低，很可能是因为你对现状太过满足，充满信心而没有金钱焦虑，或者你是想避免因钱财问题而做必要的改变，究竟是哪一种原因，得好好问问自己。如果是第一个原因，恭喜了，金钱焦虑根本不会阻碍你的成功。

24~30分：焦虑指数 ★★

你对现有的金钱状况颇感舒适，商业知识广博，相信自己可以完全把握成功的机会，并对成功地处理金钱问题颇有信心。你能正面看待自己的目标，能承担必要风险，从而迈向自己所希望的未来。

31~36分：焦虑指数 ★★★

你对金钱在生活中所扮演的角色感到不确定。你认为，金钱会引起别人的关注，取得和持有都会令你担心。如果你的焦虑会驱使你去控制好钱财，你就可能步上成功之路，如果你老是想逃避钱财风险，整天因为没有安全感而害怕，你的焦虑就会阻碍你进步。你可能会为焦虑所误，但只要你愿意，你还是可以做到自我控制，迈向成功。

37~52分：焦虑指数 ★★★★

你几乎很难去享受自己所拥有的钱财。而且，你的焦虑会使你的挑战毫无回报可言，因为你觉得成功只会带来害怕失去（成功）的焦虑。很多情况下，你会把自己隐藏在一些过度保护性的行为里，诸如强制性储蓄，或不信任他人。偶尔，你也会失去防卫，以不太恰当的方式和外界接触，不过，万一接触失败，就会加深你的焦虑。焦虑指数过高的人往往很难取得成功。

53分以上：焦虑指数 ★★★★★

你需要赶紧寻求解除焦虑的方法了，必要的话还得去寻求专业治疗。焦虑指数极高会令人万念俱灰，不想追求任何目标。你对周围的人根本无法相信，不可能享受成功带来的任何乐趣。最重要的是，因为焦虑指数太高，你几乎不可能取得成功。

测测金钱对你的诱惑程度

如果让你扮个鬼，你认为扮成什么样最能让人害怕？

A. 脸色惨白的鬼

B. 眼睛冒绿光的鬼

C. 长舌头的鬼

D. 七窍流血的鬼

分析结果

选A：你被金钱诱惑的指数是20%。这类人在性格特质上有阳光的一面，他们可以很好地权衡金钱在生活中所处的位置。他们追求自己想要的生活境界，极少受到金钱的诱惑。

选B：你被金钱诱惑的指数是90%。这类人认为不赚钱是不道德的事情，如果在他们周围有金钱的诱惑，他们会认为这是天上掉下来的福气，会紧紧抓住这个机会。

选C：你被金钱诱惑的指数是50%。这类人对金钱的诱惑会提高警觉，会认真评估每个发财的机会。当他们确信没有任何陷阱也不会有损失后才有可能与金钱“亲密接触”。

选D：你被金钱诱惑的指数是70%。这类人觉得赚钱重要，只要是合法的金钱诱惑，他们都会想尝试一下，不愿错失任何一个机会。

你和金钱是什么关系

金钱不是万能的，但没有钱往往寸步难行。我们的生活需要必要的物质作为支撑，我们的精神又渴望独立于金钱之外，在现实与理想之间反复协调令人烦恼，也许真正应该学会打太极的是我们的心灵。你与金钱之间究竟是怎样的关系？来做下面的测试吧。请从第1题开始，选择合适的答案，并根据提示前往相应的题目。

1. 请伙伴吃饭，你会选择哪里？

日本料理店→2

高档西餐馆→3

特色路边摊→2

传统中餐馆→4

2. 你喜欢以下哪个图形？

圆形→4

三角形→3

正方形→5

3. 网上购物会取代传统购物，你认同吗？

认同→6

不认同→5

说不好→4

4. 你是否用过网上银行？

用过→6

没用过→5

5. 把自己辛苦赚来的钱存放在哪里最安全？

银行→9

密室→6

地下室→7

私人保险柜→8

6. 某个讨厌的人总是不停说话让你心烦，你会怎样？

警告他闭嘴→7

努力忍耐，心里却想痛扁他一顿→8

避开他，省得心烦→9

7. 好友撒谎了，你会当众揭穿他吗？

一定会→9

一定不会→8

视具体情况而定→10

8. 超市购物你喜欢用什么工具盛装物品？

手推车→10

购物篮→9

直接用手拿→11

9. 常常会嫉妒那些比你生活富足的人吗？

经常会→11

通常不会→10

不知道→12

10. 你的字典里“背叛”的定义是什么？

爱人不忠→11

被合作者出卖→12

好友挖墙脚→13

11. 喜欢看与服装有关的时尚杂志吗？

非常喜欢→13

一般→14

不喜欢→12

12. 有制订学习计划的习惯吗？

有→15

没有→14

13. 是否有人说过你“蔫儿坏”？

没有→15

记不清了→14

14. 回到古代你最想成为以下哪个人？

王子→15

将军→B型

皇帝→D型

15. 展翅翱翔于天际的雄鹰让你想到什么？

理想→C型

自由→A型

分析结果

A型：你可以容忍没有钱的日子，却不能忽视因为资金匮乏导致追逐理想的脚步停滞不前。学些理财方面的知识可以帮助你善用金钱以及善待自己，并且任何时候都别忘记，理想永远不会放弃你，除非你先放弃你自己。

B型：你控制欲很强，特别是希望用金钱去控制一些人和一些事，但人生总有不如意的时候，有时刻意的控制反而会显得被动，让自己沦为金钱的奴隶。

C型：人不可能脱离互相联系而孤立存在，尽管有时你显得有点愤世嫉俗，但还是要理智面对金钱的力量。束之高阁的理想只会让我们觉得空虚，而踏实地前进才是最需要做的事情。金钱本身没有灵魂，它与你的关系完全体现在如何使用它的过程中。

D型：赚钱这件事需要缘分，争取你该争取的，面对你该面对的，放弃你该放弃的，不是力所能及的事情莫强求，同时不断用新知识充实自己的头脑，这样你的钱包才会真正越来越鼓。

金钱对你来说重要吗

你对待金钱珍惜还是浪费？下面的测试可看出你对待金钱的态度。计分方法：第1题，选A得2分，选B得1分，选C得0分；第2题，选A得2分，选B得0分，选C得1分；第3题，选A得0分，选B得1分，选C得2分。最后将3道题的分数相加得出总分。

1.如果你必须写一封短信，而在你桌上只有一张大纸，你会怎么做？

A.把纸平均地撕成两半，然后再写信

B.以较大的字体、字距和行距写信

C.根本不会考虑这个问题

2.如果你一不小心把几枚硬币掉在了不易取出的地方，你会怎么做？

A.不怕费时费力，尽量把硬币全部捡回

B.不会去捡，一走了之

C.只寻找那些好捡的

3.老同学请你吃饭，你会？

A.不管能不能吃完，只顾按照自己的口味点菜

B.吃不了就打包

C.尽量多吃，以免浪费

分析结果

0~1分：你浪费金钱的倾向很严重，在花钱上很轻率，应该

懂得学会珍惜，否则你只能是一个穷人。

2~4分：你对待金钱的态度非常理智，既会用钱又不为金钱所累。

5~6分：你对金钱有点贪婪，小心别变成金钱的奴隶。

你的金钱观可靠吗

你是怎样看待金钱的？你关心自己的财务状况吗？来做下面的测试吧，找出你存在的问题，分析解决这些问题的方法。

1.对于存钱和储蓄，你的观点是：

A.我知道应该存些钱，但常会不自觉大手大脚地花

B.我曾尝试存钱，但总是有些新品会“打开”我的钱包

C.太忙了，根本没时间考虑存不存钱的事

D.经常担心存的钱还不够多

E.存钱是件好事，但更重要的是用手上的钱赚到更多的钱

2.买彩票中了5万元，你会：

A.将心仪已久的数码摄像机或钻石项链买回来

B.拿出一部分存起来，余下的用来好好享受

C.等有空的时候让父母拿去帮忙投资

D.我根本没办法将这笔钱妥善处理

E.如果拿去买股票，10年后会有相当可观的收益

3.在核对记账本的时候，你经常会发现：

A.支出一栏里有很多条目

B.有些时候会觉得钱花得太多了

C.很少核对账本，因为没时间

D.总是小心翼翼，担心其中很多数字有出入

E.我总是仔细计算利润，检查赚到了多少

4.通常你处理不必要的支出或计划外的花费的方法是：

A.将钱用完，这样就可以“避免”不必要的支出了

B.在储蓄前，我一般会留一点现金来应付这样的情况，但有时候这笔钱会因买东西而花掉

C.我一直在计划设立一个“浮动基金”，但至今也没空开始实施

D.我总会准备较多的钱来应付这样的事情，但经常想“这点钱够不够啊”

E.如果突然需要现金周转，我常常会卖掉一部分股票

5.你开始考虑储蓄将来养老的钱了吗？

A.我还年轻，暂时不用考虑

B.我已经开始进行这个“浩大的工程”了，但常常是“拆了东墙补西墙”

C.我一直想存养老金，但往往被其他事分心了

D.早开始存了，但我害怕到65岁前还没有存够养老的钱

E.我觉得还有更好的方式让我到了年老时还有钱花

6.你认为钱就是：

A.用来买东西的必要工具，快乐的源泉

B.有两种用途，那就是“存”和“花”

C.我觉得研究它很无聊，浪费时间

D.带来压力的源泉

E.可以赚更多钱的一个基本要素

分析结果

选A最多：你觉得穿、戴是一种身份的象征，你狂热地喜欢逛街，喜欢拥有新的东西。逛街的时候身上只留下车钱就可以了。记住：一个星期存10元钱，一年就有520元的存款了。

选B最多：你的情况有些不太稳定，常常买完东西就后悔，你知道应该存点钱，可一旦一件新衣服吸引了你的眼球，你马上就会动用存款。这类人需要避免接触到现金，最好制订规范的储蓄计划。

选C最多：你从没有细心关注过自己的财务问题，收支混乱。

选D最多：你从不喜欢存钱，常常把管钱的重任交给家里的其他成员来做。多读一些理财方面的书，或者参加一个投资训练班，这样就不会对管理自己的财产不自信了。

选E最多：你存钱是因为十分希望能够实现存钱的升值潜能，对“钱生钱”的能力太乐观了。

解决方式：你总是对存款有太多的计划，最好和专业理财师谈谈，让他根据你的意愿做出相应的方案。

你是一个守财奴吗

你是一个一掷千金的人还是一个乐于敛财的人？钱财在你的生命里到底有多重要？你是一个乐于赚钱却不怎么花钱的人吗？下面就进入测试吧。

1. 你在学校就开始赚钱了吗？

是→2

不是→3

2. 你做过的兼职种类很多吗？

是→4

不是→3

3. 在公共场合，你买的零食会礼貌性地分给别人吃吗？

是→4

不是→5

4. 你经常和朋友一起出去玩吗？

是→7

不是→5

5. 你即使十分疲惫也不会间断工作或学习？

是→6

不是→8

6. 你挑选朋友标准很严格？

是→8

不是→7

7. 你有很多想买的东西？

是→13

不是→9

8. 你经常在商店里逛来逛去，最后回家的时候却什么都没有买？

是→9

不是→11

9. 你花钱从来没有超支过？

是→10

不是→11

10. 你经常会产生不让别人介入你生活的想法吗？

是→12

不是→11

11. 你会在某一天花特别多的钱吗？

是→13

不是→12

12. 你经常在春季和秋季买很多的衣服吗？

是→14

不是→15

13. 你选择自助游吗？

是→16

不是→14

14. 你知道现在自己的钱包里一共有多少钱吗？

是→16

不是→15

15. 你对周围的人的家庭状况很清楚吗？

是→D型

不是→C型

16. 如果你和别人合租房子或住宿舍里，你每次回去都首先会去检查自己的贵重物品吗？

是→A型

不是→B型

分析结果

A型：你是金钱至上主义者，你会很关注身边的人在金钱方面的各种信息，但是即便知道对方很有钱，你却不会巴结对方或者趁火打劫。你会因为有一个有钱的朋友而感到高兴，但不是一个守财奴。对于自己的钱，你总是精打细算，乱花钱会让你痛苦不已。

B型：你不是一个守财奴，你相当重视与家人朋友以及与周围人的关系，所以花钱是你必不可少的活动。你认为金钱虽然是越多越好，而且也希望自己某天可以成为富豪，但你在本质上仅仅是一个只要有足够的钱能够让你和你爱的人过得很幸福就会觉得很满足的人，所以你从来不认为金钱是最值得重视的东西。

C型：活得自由自在对你来说是最重要的。但是你并不是一个物质主义者，你从不会乱花钱，平时花钱也会很节制，因此你有些守财奴的倾向。如果你易苛求自己并且形成习惯，你就很有可能无法理解别人的消费方式。

D型：你很想要节省，事实却是经常超支。你想变成一个守财奴，但是你的钱总是不够用。你是一个随性的人，看到想买的东西时，你的自制力就会瞬间蒸发。你可能会因为想要买更多的东西而去关注很多兼职之类的信息，但总是不能完整地做下来。所以对于你来说，当一个守财奴会是一个很难实现的愿望。

你会成为穷人还是富人

在我们每一个人内心深处都潜藏着富人、穷人、中等收入者3种人。只有你自己能决定你最后成为哪一种人。大部分人认为穷人当然最缺少钱了，有一部分人认为，穷人最缺少的是机会。还有一部分人认为，穷人缺少的是技能。其实这些都不是最主要的原因，穷人之所以穷，在于他们被自己的低财商困住了。而这样的低财商，反映在他们的思维和行动上。

恰克是一名有着成功事业和辉煌人生的企业家。

有一天他家的园艺师傅对他说："社长先生，我看您的事业越做越大，我却像树上的蝉，一生都坐在树干上，太没出息了。您教我一点创业的秘诀吧？"

恰克点点头说："行！我看你比较适合园艺工作。这样吧，在我的工厂旁有7万平方米空地，我们合作种树苗吧！1棵树苗多少钱能买到呢？"

"4美元。"

恰克又说："好！扣除走道，两万平方米大约种两万多棵，树苗的成本大概是10万美元。3年后，1棵可卖多少钱呢？"

"大约30美元。"

"10万美元的树苗成本与肥料费由我支付，以后3年，你负责除草和施肥工作。3年后，我们就可以收入50多万美元的利润。到时候我们每人一半。"

听到这里，园艺师傅却慌忙拒绝说："我可不敢做那么大的生意！”

最后，他还是在恰克家中栽种树苗，按月领取工资，始终没有脱离穷人的行列。

请你分析一下，园艺师傅为什么没能成为富人呢？

分析结果

人的智慧与思维对命运的影响是巨大的，两个思维不同的人，注定会有不同的人生命运。爱思考的人不一定是一个富人，但富人一定是一个善于思考的人。但是穷人不会去思考别人为什么能变成富人，更不会去思考自己为什么会是一个穷人。他们往往觉得大家都是穷人，所以我也就是穷人；因为环境让我受穷，所以我没办法不穷；因为我自己的力量太小，所以我没有能力改变。

园艺师傅的思维就是典型的穷人思维。他也想致富，但一听说要涉及那么多钱，他可能考虑到风险，考虑到未来的辛苦，考虑到自己将遇到的困难，考虑到……他就放弃了行动，最后只能以“我可不敢做那么大的生意”来终结自己，继续过按月领取工资的生活。正是这种贫穷思维束缚了他的创意，让他惧怕踏出一步，也就注定了他无法取得成功。

为什么你总是缺钱

你是不是总是在不知不觉间把钱花完？你是不是总是攒不下钱？下面这道测试能够找出你缺钱的原因。

7个颜色的信封，你直觉认为哪个信封里会有10000元？

A. 白色

B. 绿色

C. 紫色

D. 蓝色

E. 褐色

F. 黑色

G. 红色

分析结果

选A：你很负责，长大以后义不容辞地扛起家庭重担。但当你为别人考虑得太多时，你会发现钱总是攒不下来，因为衣食住行方方面面都需要钱，而这钱加起来，更是一笔不小的数目。

选B：你内心非常善良，而且十分容易心软。一旦亲戚朋友有需要，你会竭尽所能地去帮助他们，因此你缺钱是因为你太善良。

选C：你往往不会苛求自己，你觉得人活着很辛苦，如果不对自己好点，就真的对不起自己了。所以你通常按自己的想法来花钱，最后钱就一点点被花完了。

选D：你像猎犬一样执着地追求自己的目标，也会为了实现理想而不顾一切。对于你来说，为了梦想而散尽积蓄未尝不可。

选E：你是个很保守的人，长大后就算有钱，你也会紧紧地捏在手里。你对于理财了解并不多，因此常因投资不当而口袋空空。听从好友的建议进行投资是你通过投资获得财富的唯一途径。

选F：你对金钱的欲望很强，再加上自己不服输的个性，很容易为了争强好胜而破财。就像你在商店里看中一样东西，如果售货员的态度不好，你就会立即买下。

选G：你很好强，也很爱面子。对于你来说，可以没有金钱，但是不能没有面子，一旦撑场面情景次数增加，你口袋里的钱也就所剩无几了。

你的钱到底有多好骗

有个小孩正举起斧头要砍苹果树，如果你是苹果树里的精灵，你会怎样阻止他？

A. 弄掉一大堆苹果把他埋住

B. 把他变成一颗苹果挂在树上

C. 骗他吃毒苹果

分析结果

选A：你的钱不太好骗，因为个性机灵的你会准确判断对方的动机，最多只会被骗一些零用钱而已。这类型的人因为之前可能也被骗过了，看透了很多骗术，或是觉得钱还是自己守着比较安全，所以在这种人的头脑里面已经闪烁各种各样的骗术。如果想骗这种人的钱，最多只能骗到几百块而已。

选B：你的钱特别容易骗，因为你的个性很容易相信别人，遇到心机重或设下陷阱的人，你就要小心自己的钱会被骗光光。你非常具有同情心，所以当很多人跟你求救或是周转时，不管他的理由有多么莫名其妙，你通常就会心软，就因为这样，你的钱就通通被骗走了。

选C：你的钱实在太难骗了。因为抠门的你觉得赚钱非常困难，你会看紧自己的荷包，想骗你的钱简直比登天还难。其实这类型的人觉得自己赚钱非常辛苦，再加上他非常聪明，所以任何欺骗手段在这类人看来都非常好笑，所以想要骗走这类人的钱真的很不容易。

第三章

提高财商，就要了解经济学常识

懂得供给与需求

西晋太康年间出了位有名的文学家——左思。在左思小时候，他父亲就一直看不起他，常对人说后悔生了这个儿子。等到左思成年，他父亲还对朋友们说："左思虽然成年了，可是他掌握的知识和道理还不如我小时候呢。"

左思不甘心受到这种鄙视，开始发愤学习。经过长期准备，他写出了《三都赋》，当时人们都认为其水平超过了汉朝班固写的《两都赋》和张衡写的《两京赋》。一时间，《三都赋》在京城洛阳广为流传，人们竞相传抄，一下子使纸贵了几倍。原来每刀一千文的纸一下子涨到两千文、三千文，后来竟销售一空，不少人只好到外地买纸，抄写这篇千古名赋。

请你用经济学知识分析一下"洛阳纸贵"这个故事。

分析结果

"洛阳纸贵"的故事，用经济学的道理来讲，就是纸的需求越来越大，供给却跟不上，导致纸的价格不断上涨。一般来说，供需平衡时，市场价格就是正常价格。当供大于求时，市场价格低于正常价格；当供不应求时，市场价格高于正常价格。"洛阳纸贵"正说明了供不应求，纸的市场价格才会成倍增长。

一不留神，市场失灵了

有这样一个寓言故事：

有个财主有一妻一妾，妻子比他的年龄大而妾比他的年龄小。

妾觉得自己和财主不般配，因为两人在一起的时候，总是显得自己比财主小很多，犹如父女。怎么办呢？她想到一个妙招：她每天都把财主头上的白发拔一点下去。她这么想：只要头上的白发少了，不就显得年轻了吗？这样才会使双方般配一些。

妻也觉得自己和财主不般配，因为两人在一起的时候，总是显得自己比财主老，犹如母子。怎么办呢？她也想到一个妙招：她每天都把财主头上的黑发拔一点下去。她这么想：只要头上的黑发少了，才能显得年老点，这样才会使双方般配一些。

就这样，财主在妾那里，妾就给他拔白头发；财主在妻那里，妻就给他拔黑头发。没过多久，财主便成了秃头！

请你分析一下妻和妾为什么这么做？如果你是她们其中一位，你会是哪个角色？你从中得到了什么财富知识？

分析结果

无论是妻还是妾，她们拔头发的动机都无可非议，最终却造成了大家不愿意看到的结果。这是因为她们都是从利己的角度出发，可以说是由于妻妾的利己性造成了财主“秃头”的结局。

在经济学中，古典经济学家认为，每个人从利己的目的出发，就能达到市场优化的效果。但事实证明，如果人人利己，放任自由，也会造成“市场失灵”的悲剧。

市场可对资源进行有效配置，但市场机制不是万能的，它不可能有效地调节人们经济生活的所有领域，于是就有了市场失灵。所谓市场失灵，是指市场本身不能有效配置资源的情况，或者说市场机制的某种障碍造成配置失误或生产要素浪费性使用。

你痛恨垄断吗

在网上流传着这样一个笑话：

一天早上，某电信公司老总王五在外突然感觉内急，四处找公共厕所。

“干什么的？”大爷问。

“我是××电信老总，我内急。”

“你不知道现在什么都要收费啊？”

“行，多少钱？”

“进去5毛，出来3毛。”大爷看着他。

“什么，出来也要收费？”王五瞪着眼睛。

“看什么看，我们这里实行双向收费。如果你办个厕所套餐的话，就可以单向收费。”

“行，我付钱。”王五掏出10元钱。

“大便还是小便？”大爷捏住钱问。

“大便，快点。”

“嗯，你需要办理套餐吗？如果你一次性大便50次，可以给你优惠。”

“别说了，我先进去，马上出来付钱。”王五进去后，选择了最后一个坑位。

出来时，大爷跟他说：“先生，你选择的是5号坑位，得付选号费用5毛钱，你在里面待的时候没有说不选择放音乐，所以每次收费6毛钱。另外你在里面蹲了15分01秒，前一分钟按5毛每分钟计费，后面按每分钟4毛计费，不足一分钟按一分钟计费。另外由于你的排泄量占用了我们的下水道带宽，所以请你另外按包月付费50元。

“最后你可以通过小孔看到进厕所的其他人，请付来人显示费1元。老总先生，我们这里不刷卡，总共你要付59.4元钱，如果逾期不交纳，按每日千分之三的费用计滞纳金，我方不另行通知，积累到千元我方将通过法律手段催缴。”

请你分析一下这个笑话中所蕴含的财富知识。

分析结果

这个笑话形象地说明了垄断经营的特点。垄断是经济中一种特殊情况，即一家企业控制了某一行业的市场。既然整个行业独此一家，这个垄断企业便可以成为价格的决定者，不再为价格所左右。

在售价之外，你注意到了什么

人人都希望从市场交易中获得自己想要的收益，很多时候，我们总人为地放大期望的收获，而缩小交易的成本。交易成本是创造财富的障碍。交易成本既限制了我们的生产能力，又限制了我们从交易中获取的利益。在生活中，我们每个人为了实现自己的交易行为，都要以不同的形式支付交易成本。

李军明明知道楼下小商店的零食比商场里的要贵1元钱，但他还是在楼下小商店里买。因为他觉得，在楼下小商店里买零食，虽然贵1元钱，但只需要下楼就能够买到。倘若去商场，就要乘车，或要多走很长时间的路，而这就需要消耗时间。虽然多花1元钱，但节省了时间和精力，他觉得这样做是合算的。

请你分析一下李军究竟是去楼下的小商店买零食划算，还是去商场里买零食比较划算呢？

分析结果

李军这个行为本身蕴含了交易成本。换种说法，其实楼下小商店在给商品定价的时候，已经将你的交易成本算进去了。交易成本是人与人之间进行交易所必需的成本。对于不同的人来说，其交易成本也不同。在菜市场上可以看到不少老人与小商贩为几毛钱的菜价讨价还价。这是因为老人已经退休，她用来讨价还价的时间并不能留作他用，如果能买到便宜的蔬菜，就是降低自己的生活成本。但是如果放到年轻人身上，贵几毛就贵几毛，有讨价还价的时间还不如抓紧时间工作挣钱。

美丽也会成为生产力

《史记》中记载有司马相如和卓文君的故事：临邛冶铁巨商卓王孙有个漂亮女儿，就是卓文君。司马相如为卓文君弹了一首《凤求凰》，琴声打动了屏风背后的卓文君，她偷看司马相如后“心说而好之”。事后司马相如让“侍者”当红娘，与文君连夜私奔到成都。卓文君与司马相如面临窘迫的生活，决定把车马卖掉，到临邛开酒店，文君当街卖酒。因为文君的美貌，吸引了众多的人前来光顾。两人的生活因为酒铺生意的兴旺而逐渐好转。

从这个故事中，你看到什么财富知识？

分析结果

文君“当垆卖酒”的故事体现了汉代的“美女经济”的效应，因为美貌而多才的卓文君在大庭广众下卖酒，才会吸引更多的人前来买酒，才会使得她和司马相如的生活状况得到改善。这就是一种“注意力经济”。

在现代经济社会中，把注意力转化为经济价值的过程中，媒体既是注意力的主要拥有者，同时又是注意力价值的交换者，所以传媒经济就是以注意力为基础的经济。但在当今信息过剩的社会，吸引人们的注意力往往会形成一种商业价值，获得经济利益，因此在经济上，注意力往往又会成为一种经济资源。而由这种注意力所形成的经济模式，就是注意力经济。进一步说，注意力经济是指最大限度吸引用户或消费者的注意力，通过培养潜在消费群体，以期获得最大未来商业利益的经济模式。

广告的作用

泸州老窖所在的泸州南城营沟头，在明清时代有着一条很深很长的酒巷。酒巷附近有8家手工作坊，据说泸州最好的酒就出自这里。其中，酒巷尽头的那家作坊因为其窖池建造得最早，所以，在8家手工酿酒作坊中最为有名。人们为了喝上好酒，都要到巷子最里面那一家去买。

传说在清同治十二年（1873）的时候，张之洞出任四川学政，他来到泸州，刚下船就闻到一股扑鼻的酒香，于是就让仆人给他打酒来。谁知仆人一去就是一个上午。张之洞等得又饥又渴，才看见仆人慌慌张张抬来一坛酒。正在生气时，仆人打开酒坛，顿时酒香沁人心脾，张之洞连说好酒，于是猛饮一口，顿觉甘甜清爽，于是气也消了，问道：“你是从哪里打来的酒？”仆人连忙回答：“小人听说营沟头温永盛作坊里的酒最好，所以小人倒拐拐，走弯弯，穿过长长的酒巷，到最后一家温永盛作坊买酒。”张之洞点头微笑：“真是酒香不怕巷子深啊。”

如果酒酿得好，就算在很深的巷子里，也会有人闻香知味，前来品尝。陈窖一开香千里，酒客不会因为巷子深而却步，终究会找到它。事实真的如此吗？

分析结果

酒香不怕巷子深，意思其实是如果东西或产品很好，哪怕不做营销推广、广告宣传，寻找起来十分困难，消费者也会知道它，并自觉地寻找它。

换一个角度来看：在市场经济条件下，商品的内在确实重要，但是外在的包装和宣传也同样重要，宣传的好坏和到位与否也关系到商品的命运，就拿各种昂贵的保健品来说，这样的产品很大程度上是靠广告的宣传作用获得成功的。

在日常生活中，我们常常可以看到广告。打开电视机，铺天盖地的是电视广告；翻开报纸，迎面而来的是平面广告；走在大街上，充斥视野的是各种立体广告……广告已经和我们的日常生活形影不离。

广告通常是商品生产者、经营者和消费者之间沟通信息的重要手段，或企业占领市场、推销产品、提供劳务的重要形式，主要目的是扩大经济效益。广告之所以有这么大的威力，主要是它能把消息、资料传递给可能购买的顾客，激起人们购买的欲望。在现代商业社会，“酒香”仍要借助广告的力量。商品只有凭借自身的质量和优质的服务再加上大量的广告宣传，才能最终达到畅销的目的。

奇怪的石蛙

在我国南岳衡山广济寺的一块田地中，曾出现过群蛙“聚会”的奇观。参加“聚会”的是一种石蛙，颜色灰黄或呈褐色，成蛙有碗口大小，憨态可掬。在每年3月惊蛰时节，便有成千上万只石蛙来到这里“聚会”。

为何群蛙会如此“聚会”呢？人们发现，这是刚从冬眠中苏醒过来的石蛙到这里来幽会。成千上万只石蛙一对对叠堆而起，形成一个近1米高的“蛙塔”。如果你想把成双成对的石蛙分开，可没那么容易。当你抓住上面的雄蛙，下面的雌蛙一定不松“手”，两个会一同被提起来，表明“誓死不分离”的决心。石蛙聚会可持续几天到十几天，然后一夜之间消失得无影无踪。

请你思考一下，石蛙为何有这种现象？这又能让你联想到什么经济学知识？

分析结果

动物相亲本属常见，但奇就奇在成千上万的石蛙同时聚会，这就会引起很多人的研究兴趣。可见，规模大小会在某种程度上改变事情的性质，一件几乎可以忽视的小事，因规模的增大变得引人注意。

在经济知识中，这种因规模产生性质变化的现象比比皆是，例如规模经济。规模经济又称规模效应，指随着生产能力的扩大，单位成本下降的趋势，即长期费用曲线呈下降趋势。例如，当一只石蛙去寻找“另一半”时，要挨个挑，挨个选，必然消耗很多时间和精力，但上万只石蛙同时相亲，一晚上解决问题，必然可以节省很多时间、精力，效率还奇高。

将规模效应用在生产领域，当厂商的产量扩大一倍，所增加的成本却低于一半，这个厂商的生产就存在规模经济。一般来说，随着产量的增加，厂商的生产规模逐渐扩大，最终厂商扩大规模，使得生产处于规模经济阶段。与规模经济对应的是规模不经济。当生产扩大一定规模后，继续扩大生产规模，会导致经济效益下降，这叫规模不经济。

价值无穷的可乐

祖父领着孙女去饭店吃饭，要点一碗炸酱面，问面和酱各多少钱。饭店服务生说一碗面100元，酱免费。祖父毫不犹豫地给孙女点了一碗酱。酱吃完后，故事还没完，祖父得知饭店免收加工费，又从随身带的麻袋里掏出一只鸡和一些蔬菜，让店里给做成菜。

这是2009年春节晚会上一个小品中的情节，很多观众看后都被小品中人物的歪点子逗得哈哈大笑。这是会心的笑，拥有传统消费心理，口袋里的银子还没有多到一掷千金程度的人，几乎都爱这么干。

艺术源于现实生活，这个小品在生活当中有很多原型。比如，去麦当劳就餐，经常会看到这样的场景：有的人只吃汉堡不喝可乐，有的人喝可乐但不加冰，还有很多人几乎不吃配餐。

请你仔细思考一下，这到底是怎么一回事呢？

分析结果

仔细分析，在麦当劳的菜单上，可乐的替代效应也很小。任你买哪一种饮料，都会让自己掉入麦当劳的定价陷阱中——那就是将不多的利润放在汉堡中，而将大部分的利润放在可乐等饮料中，因为可乐和汉堡属于“互补品”，可乐和薯条也属于“互补品”，汉堡或薯条销售量的增加必然会带动可乐的销售额。将主要利润成本放在可乐身上，也是麦当劳的定价高明之处。

将主要利润放在貌似非主要产品的身上是商家的高明处，再机灵的消费者也不会带着一杯水、一包糖和苏打踱进店里，让服务员给他免费加工一杯可乐。

买的没有卖的精

在经济生活中，消费者掌握的商品信息往往是不完全的，“买的没有卖的精”。以掌握的不完全信息为出发点，会让我们在市场交易中陷入困境。要想摆脱困境，就需要我们对信息有更深入细致的把握。当信息的不对称被打破时，我们的经济利益才能免遭损失。

有个做古董生意的人，他发现一个人用珍贵的茶碟盛猫食，于是假装很喜爱这只猫，要从主人手里买下。古董商出了很大的价钱买了猫，然后，装作不在意地说：“这个碟子它已经用惯了，就一块儿送给我吧。”结果，猫主人不干了：“你知道用这个碟子，我已经卖出多少只猫了？”

你觉得古董商人为什么会上当？

分析结果

古董商万万没想到，猫主人不但知道茶碟的价值，而且利用了他“认为对方不知道”的错误赚了一笔，这就是信息不对称造成的。在我们生活中，绝大多数情况下，人们都是处于信息劣势的地位，这时就要根据实际情况扭劣为优，将对自己有利的信息甄选出来，然后利用此信息将自己可能损失的利益“抢”回来！

为何买涨不买跌

在美国亚利桑那州的一处旅游胜地，新开了一家售卖印第安饰品的珠宝店。由于正值旅游旺季，珠宝店里总是顾客盈门，各种价格高昂的银饰、宝石首饰都卖得很好，唯独一批光泽莹润、价格低廉的绿松石总是无人问津。为了尽快脱手，老板试了很多方法，例如把绿松石摆在最显眼的地方或者让店员进行强力推销等。然而，这一切都徒劳无功。

在一次到外地进货之前，不胜其烦的老板决定亏本处理掉这批绿松石。出行前她给店员留下一张纸条：“所有绿松石珠宝，价格乘二分之一。”等她进货归来，那批绿松石已售罄。店员兴奋地告诉她，自从提价以后，那批绿松石就成了店里的招牌货。“提价？”老板瞪大了眼睛。原来，粗心的店员把纸条中的“乘二分之一”看成了“乘二”。

为什么绿松石的价格涨了，反而销售一空呢？人们追涨心理的背后究竟是什么因素在起作用呢？

分析结果

经常听说一句话，“买涨不买跌”，这实际上是大多数人的写照。比如说在股票市场上，某一种股票价格上扬，人们就会疯狂抢购这种股票。而当一种股票的价格下跌时，购买这种股票的人反而很少，拥有的人也希望尽快抛出去。这是因为，人们买股票是为了最大限度地获取利润，股票价格升高，说明投资者有利可图。

19世纪，英国学者罗伯特·吉芬在爱尔兰观察到一个现象：1845年，爱尔兰爆发了大灾荒，虽然土豆的价格在饥荒中急剧上涨，但爱尔兰农民反而增加了对土豆的消费。这种现象出现的原因是，在饥荒这样的特殊时期，面包、肉类、土豆的价格都上升了，但人们的收入大大减少，更买不起面包、肉类，相对便宜的土豆便成为人们的首选。这样，对土豆的需求反而增加，使得土豆的价格增长比其他类食品的价格增长更快。后来人们为了纪念吉芬，就把吉芬发现的这种价格升高而需求量也随之增加的经济现象叫作吉芬现象，简单地说就是越高越买。

假钱引起通货膨胀

一个人拿着一张 15 元的假钱来到一个卖西瓜的摊位上，说：“老板，西瓜多少钱一个？”老板回答：“1 元。”“好，我要一个。”他把钱很紧张地给了老板。老板找完钱后，他拿着钱看都没看就赶快走了，心想：这下好了，终于花出去了。到家以后，他拿出那两张找回来的钱一看，傻眼了，原来那老板找他的是两张7元的钱！

这当然是一个笑话。不过，在生活中人们是经常会遇到假钱的。当你不小心收了假钱之后，最好是老老实实上缴银行，不要试图花掉，因为这会让你所失远大于所得，小到心惊肉跳，日夜不安，大到被银行收缴，被警察盘问，甚至会坐牢。而且，如果大量的假钱流通到市场上，按照经济学原理，会引起通货膨胀，带来很大的危害。

你对通货膨胀有怎样的理解？

分析结果

一般情况下通货膨胀都比较温和，只有在特殊时候，通货膨胀才如同洪水猛兽，将你的财产一夜吞噬。

温和的通货膨胀，是一种价格上涨缓慢且可以预测的通货膨胀。世界上许多通货膨胀都是温和的通货膨胀，物价稳定上涨，人们对货币较有信心。

急剧的通货膨胀，是指总体价格以20%、100%、200%，甚至是1000%、10000%的速度增长，这被称为急剧的通货膨胀。发生这种通货膨胀的地区，在价格被竭力稳定后，会出现严重的经济扭曲现象，并且人们对本国货币失去信心，会运用一些价格指数或外币作为衡量物品价值的标准。

恶性通货膨胀被称为经济的癌症，这种致命的通货膨胀以百分之一百万，甚至是百分之万亿的速度上涨，会在短时间内摧毁市场经济。

平等和效率，取谁弃谁

问：要多少个经济学家才能把一个坏灯泡换掉？

答：8个。一个把灯泡装上，其他人负责保持东西（条件）不变。

问：要多少个芝加哥学派的经济学家才能把一个坏灯泡换掉？

答：一个也不用。要是灯泡坏了，市场机制自然会把它更换。

问：要多少个新古典学派的经济学家才能把一个坏灯泡换掉？

答：那就要看当时的工资如何。

问：要多少个凯恩斯学派的经济学家才能把一个坏灯泡换掉？

答：愈多愈好，这样便可增加就业、刺激消费，令总需求曲线向左移。

我们常这样调侃经济学家们，笑话他们的理论最终只能导致毫无效率的结果。但这件事情并非这样就结束了，还有下文：假如有1000名经济学家去处理换灯泡的问题，当中会有10个理论经济学家，各人对换灯泡的方法有不同的主张。余下的990个实证经济学家会努力地去检验谁的理论正确，最后所有人还是在黑暗之中。这究竟是为什么呢？

分析结果

这就是我们所说的经济学家的“效率”，但肯定会有人站出来替他们说话，用这些笑话来调侃经济学家是不“公平”的。放下笑话暂且不提，我们来认识一下什么是经济学上所说的“公平”和“效率”。

公平指人与人的利益关系及利益关系的原则、制度、做法、行为等都合乎社会发展的需要。公平是一个历史范畴，不存在永恒的公平。不同的社会，人们对公平的观念是不同的。效率就是人们在实践活动中的产出与投入之比值，或者叫效益与成本之比值，比值大，效率就高，也就是效率与产出或者收益的大小成正比，而与成本或投入成反比。也就是说，如果想提高效率，必须降低成本投入，提高效益或产出。

经济学家普遍认为，要强调公平，就要牺牲效率；而要强调效率，就难免要以牺牲公平为代价。因此，希望同时实现效率和公平是一种两难处境，人们对于公平的理解也应该脱离“绝对公平”的桎梏，世界上没有绝对的公平，公平永远是相对的。

如何看货币升值

夕阳西下，小区里的老年人都出来散步了，马大姐也和大家热闹地聊天。

“我问你们，这货币升值的事儿你们知道不知道？”潘大庆突然问道。

“货币升值？怎么回事？”刘奶奶说。

“我就知道你们孤陋寡闻，我跟大伙讲……”潘大庆说。

“谁孤陋寡闻？谁孤陋寡闻？不就是货币升值嘛，我知道！”马大姐说。

“嗯，那您说说，怎么回事？”潘大庆说。

“货币……它……它升值是吧？升值……哦……不就是生小孩儿嘛，对了，货币升值就是货币生了小孩儿了，多简单啊，是吧！”马大姐说。

“您这都什么乱七八糟的，这货币能生小孩儿吗？”潘大庆说。

“这怎么不能生哪？这国家有政策，只要年龄够，就能生。”马大姐说。

“咳，这跟年龄没关系。”潘大庆说。

“那就是超生？要是超生……就不能生，不符合政策呀！”刘奶奶说。

你是如何看待货币升值这个问题的？

分析结果

不管多么严肃的事情到了马大姐这里都会面目全非。货币生不出小孩，倒有可能让你生“钱子儿”。人们平时可以把货币兑换成很多种外币，当兑换的外币多了，就说明货币升值了，反之就是货币贬值。其中，货币升值和贬值可以同时发生，例如，同一时间内，货币对某种外币贬值，对另一种外币升值。对于逐渐升值的货币，新闻报道中就会出现货币开始“坚挺”的消息，反之，新闻报道就会说货币变得“疲软”。

选择是因为“稀缺”

从前有个国君，用千金重价征求千里马。过了很多年，仍无一点收获。这时，一个侍臣跟国君说：“请您把这个差使交给我吧！”国君命令他去，过了几个月，他找到了千里马。可是这匹马已经死了。他用500金买下了马的头，带着千里马的头回宫向国君复命。国君怒斥道：“我要的是活马，怎么能够用500金买死马！”侍臣回答道：“死马都花费了您500金，更何况是一匹活马呢？天下人必定会认为您是会买千里马的。您不久就会得到千里马！”后来不到一年，国君得到很多匹千里马。

为什么国君最终会得到许多千里马？

分析结果

千金市骨表明千里马是稀缺的，但是在经济学知识中，稀缺的不仅仅是“千里马”，所有的物品都是稀缺的。“稀缺”二字，代表着两种不同的含义，一个是稀有的，另一个是紧缺的。

稀缺性的概念在整个经济理论中起着至关重要的作用，一些经济学家认为稀缺性是经济学存在的前提条件，所以往往用稀缺性来定义经济学。由于稀缺性的存在，决定了人们在使用经济物品时要不断做出选择，如决定利用有限的资源去生产什么、如何生产、为谁生产，以及在稀缺的消费品中如何进行取舍及如何用来满足人们的各种需求，这些问题被认为是经济学研究的主题。

使用价值影响着我们的购买力

有一位年轻人在热带雨林中找到一种树木。这树木高达十余米，在一片大雨林中只有一两株，砍下这种树木，经过一年时间让外皮朽烂，留下的木心黑色部分会散发一种香气，放在水中不像别的树木会浮在水面，而是会沉到水底。

年轻人心想："这真是价值连城的宝物啊。"年轻人将香味无可比拟的树木运到市场出售，可是没有人来买，另一个卖木炭的小贩却总是很快就卖光了产品。刚开始的时候年轻人还不为所动，日子一天天过去，他的信心终于动摇。第二天他把香木烧成木炭，挑到市场，一天就卖光了。年轻人非常高兴自己能改变心意，得意地回家告诉他的父亲。父亲听了，忍不住落下泪来。原来，年轻人烧成木炭的香木，正是这个世界上最珍贵的树木"沉香"，只要切下一块磨成粉屑，价值就超过一车的木炭。

这个故事体现了一种什么经济现象？

分析结果

"沉香成炭"的故事意在说世人愚痴，手持着世间难得的香木，却不知道它的价值，反而羡慕他人的木炭，为了蝇头小利，自失珍宝。沉香木可以用来雕刻佛像、制作念珠、制作供香、装藏供佛、配制中药等，具有十分广泛的使用价值，而木炭只能用来取暖，不同的使用价值决定两者价值相差极大。人们购买商品，其实购买的就是商品的使用价值。使用价值就是能满足人们某种需要的物品的效用。物品的使用价值总是相对于人的需要而言，因而是在人与物之间需要与被需要的关系中产生的，离开了这种关系，物品就无所谓使用价值。

买卖双方需要均衡价格

阅读下面的实例。

买者："你这件衣服卖多少钱？"

卖者："500元。"

买者："太贵了，这衣服也就值200元。"

卖者："200元太少了，你要是诚心买，我以进价卖给你！450元！"

买者："唉！还这么贵？要我说，最多300元！"

卖者："300元，您给的也太低了。要不咱们来个对折，400元成交！"

买者："不行，350元顶天了。350元，你卖不卖？不卖我就走了。"

卖者："等会儿等会儿，算了，350元就350元吧。这次绝对是亏本卖给你了。"

你觉得卖家以350元售出这件衣服，是不是真的亏本了？

分析结果

这件衣服最终以350元成交，这个350元就是买卖双方都能接受的均衡价格。均衡价格是在市场上供求双方的竞争过程中自发形成的，均衡价格的形成就是价格决定的过程。需要强调的是，均衡价格的形成完全是市场供求双方在竞争过程中自发形成的，有外力干预的价格不是均衡价格。

均衡价格是商品的供给量与需求量相等，商品的供给价格与需求价格相等时的价格。在市场上，由于供给和需求力量的相互作用，市场价格趋向于均衡价格。均衡价格的形成也就是价格决定的过程。

究竟定价多少才能有收益

边际成本是指增加一单位的产量随即而增加的成本。边际收益是指增加一单位产品的销售所增加的收益，即最后一单位产品的售出所取得的收益。它可以是正值或负值。

在经济学知识上，这“额外”的部分便称之为“边际”，而把由某项业务活动引起的边际收入去和它的边际成本（而不是全部成本）相比较的方法，就叫边际分析法。

从北京开往石家庄的长途车即将出发。客车的票面价格是50元。一个匆匆赶来的乘客见一家公司的车上尚有空位，要求以30元上车，被拒绝了。他又找到第二家有空位的车，而售票员二话没说，收了30元允许他上车了。

你认为第二家公司的车亏了吗？

分析结果

乍一看，第二家公司允许这名乘客用30元享受50元的运输服务，当然亏了。但如果用边际分析法分析，第二家公司的确比第一家公司精明。当我们考虑是否让这名乘客以30元的票价上车时，实际上我们应该考虑的是边际成本的概念。边际成本是增加一名乘客所增加的成本。在我们这个例子中，增加这一名乘客，所需磨损的汽车、汽油费、工作人员工资和过路费等都无须增加，对汽车来说多拉一个人少拉一个人都一样，所增加的成本仅仅是发给这个乘客的食物和饮料，假设这些东西值10元，边际成本也就是10元。边际收益是增加一名乘客所增加的收入。在这个例子中，增加这一名乘客增加收入30元，边际收益就是30元。

因此，在我们的例子中，第二家公司让这名乘客上车是理性的，售票员可能不懂边际的概念与边际分析法，但他实际上是按边际收益大于边际成本这一原则做出决策的。

木碗与钻石

有一个穷人家徒四壁，仅有的财产是一只旧木碗。一天，穷人上了一只渔船去帮工。不幸的是，渔船在航行中遇到了特大风浪，被大海吞没了。船上的人几乎都被淹死了。穷人抱着一根大木头，才幸免于难。穷人被海水冲到一个小岛上。岛上的酋长看见穷人的木碗，感到非常新奇，便用一口袋最好的珍珠、宝石换走了木碗。

一个富翁听到了穷人的奇遇，心中暗想：“一只木碗都能换回这么多宝贝，如果我送去很多可口的食品，该换回多少宝贝！”富翁装了满满一船山珍海味和美酒，历尽艰辛终于找到了穷人去过的小岛。

酋长接受了富人送来的礼物，品尝之后赞不绝口，声称要送给他最珍贵的东西。富人心中暗自得意。一抬头，富人猛然看见酋长双手捧着的“珍贵礼物”，不由得愣住了：它居然是穷人用过的那只旧木碗！原来木碗在这个岛上是绝无仅有的，是最珍贵的东西。

在这个故事中，你看到了什么经济学知识？

分析结果

“木碗与钻石”的故事可以用边际价值理论来解释。一般情况下，随着人类手工业的发展，只要有木材，就能造出木碗，于是木碗比比皆是，但人类社会中的宝石极其稀少，因此，最后一只木碗对于人们来说是几乎不可能出现的。可见，最后一只木碗对人增加的效用是极小的。所以，钻石的价值或价格远远高于木碗。

而这个海岛上的情况完全相反：钻石数量极多，木碗仅此一只。对于这个海岛上的人来说，木碗不仅造型奇特，还具有实用功能，显而易见，木碗的边际效用价值远远大于宝石。

我们也可以用边际效用解释生活中的一些常见现象：某些物品虽然实用价值大，但是廉价，而另一些物品虽然实用价值不大，却很昂贵。

做好细节，服务顾客

有一则“酒店恶狗”的故事。宋国有位小生意人开了一爿酒家，专门出售陈年佳酿。这爿酒家窗明桌净，买卖公道，还在门前高高竖起一杆青旗，行人在几里地外都能看见酒旗招展。顾客一进门槛，店小二就笑脸相迎，殷勤接待。按理说，该酒家应该生意兴隆；可是偏偏相反，这里常常整天不见一个顾客，十分冷清。

一坛坛老酒开了封，卖不出去，都发酸变质了。店主苦思冥想找不出原因，只好去请教附近一个老人。老人沉吟了一番，问他：“你的看门狗凶不凶？”店老板挺纳闷地说：“凶啊，可这跟卖酒有什么关系呢？”老人拈着胡须笑道：“人家怕你的恶狗。恶狗守在门口，见人就咬；酒再好，还有谁敢来买呢？”

你觉得老人说得对吗？

分析结果

店老板的酒很好，但他有一只凶猛的看门狗，正是这只狗影响了他的生意。若用更确切的话来说，就是除了产品本身质量，人们还会考虑服务质量等一些隐性存在因素，而这些细节性因素往往影响企业产品的销售。“酒店恶狗”的故事给经营者以启示：在售卖产品时，经营者必须做好每一个服务细节，才能赢得顾客的满意。

服务是经营者永恒的话题，用优质服务满足客户需求是经营者最主要的目标之一。伴随着商战的日益激烈，经营者们也越来越注重做“服务”的文章。以完善的细节来赢得顾客，越来越受经营者们青睐。能关注服务细节，做好细节服务，才能提高服务质量，提高客户满意度，从而提升产品的销售。

卖的是“独特”

在A农贸市场，有两个鱼摊，都有鲐鱼出售，摊主是老张和老王。这天老王批回来的鱼不甚新鲜，行话就是“口不好”，被老婆一顿痛骂，一怒之下做出惊人决定：进价出货，尽快处理。5块钱进的鲐鱼，5块钱卖。

这样一来，附近居民疯抢老王的鲐鱼，连踽踽而行的老太太都矫健异常。不多时，周围几个小区的人就都知道市场上有两口子打架、鲐鱼非常便宜的事儿。这可把老张气得够呛：他鱼的成色好，本来进价就比老王贵6毛钱，卖8块1斤那是行市价，可现在没法卖了。都是鲐鱼，有5块的谁还买8块的？老张想到了一个办法：老张既没有去恐吓和死磕，更没有消极防御，而是把价格提到了12块，很快售卖一空。不同的是，老王的鱼篓干净了，钱包更干净；而老张的鱼篓每空一分，钱包则鼓起一分。

可能有人不信，8块都卖不了，12块怎么能卖出去呢？老张是这样卖的：

路人：“多少？12块？怎么这么贵？”

老张："我这独一份，本地鲐鱼，新鲜，进价就贵。那边有便宜的，5块（指指老王那里）。"

路人（看上去确实很新鲜，是不是本地的却不会看）："那就给我来3斤吧。"

于是，只这一个顾客，老张就凭空多赚了12块。

请问这是什么现象呢？

分析结果

老张跟人家说的"本地鲐鱼"是个妇孺皆知的概念，而"本地鲐鱼"就突出了他的产品差别，而这个差别就是他跟人要12块一斤的理由！

当然，对于企业而言，产品差异并不是如此简单，企业必须在赋予产品特征方面极富创造精神。

开发消费者的需求

古时宋国有一族人善于制造一种药，这种药冬天擦在皮肤上，可使皮肤不干裂，不生冻疮。这一族人靠这个秘方，世世代代做染布的生意，也不会伤手，日子倒也过得充足、殷实。

后来有个买布的商人知道了此事，就出重金买下了这个秘方。

当时吴越两国是世仇，不断交兵。这个商人便将秘方献给了吴王，并说明在军事上的用途。

吴王得此秘方大喜，便在冬天发动水战。吴军士兵涂了药粉，不生冻疮，战斗力极强，而越国士兵仓促应战，加上大部分都患上了冻疮，苦不堪言，大败而归。

吴王重赏了献秘方的商人。这个商人从此大富大贵，也不用再去贩卖布匹了。

这个小故事给了你怎样的启示？

分析结果

这个寓言故事的启示在于：营销成功的法则就是选择合适的营销对象，推销他们最需要的产品。为什么某些人不屑一顾的产品，而有人愿付出巨大的代价来得到它？为什么有人为一顿饭一掷千金，却会对另外的商品斤斤计较？答案其实很简单：顾客的买与不买，取决于他对商品的需求程度。

山鸡与凤凰

有个村夫挑着一只山鸡在路上行走。一个楚国人从未见过山鸡，所以一见到长着漂亮羽毛和修长尾巴的山鸡就认定它不是一个俗物。于是楚国人便问村夫："这是什么鸟啊？"

村夫见他不认识山鸡，便信口说："这是一只凤凰。"

楚国人又说："过去我只听人说过凤凰，今天我才看见了，你愿意卖它吗？"

村夫说："卖呀！"

楚国人出价十金。村夫想，既然楚人把它当成了凤凰，我岂能只卖十金？于是他把卖价提高一倍以后才把山鸡卖掉。

楚人想把这只山鸡献给楚王，不料过了一夜那山鸡就死了。人们很快把这件事传开了，大家都说这是只凤凰。不久，楚王也听说了这件事，楚王得知后颇受感动，便给楚人厚赏，那赏赐的财物比买山鸡所用的金子多了十倍。

如果你是楚王，你会买这只“凤凰”吗？为什么？

分析结果

村夫明知自己挑的是山鸡，却谎说是凤凰并卖出高价，这样的定价行为显然是一种欺骗行为。在经营活动中，商家当然不能向这个村夫学习，但是学会定价，却是商家必须学会运用的一门艺术。

在计划经济时代，商家往往没有定价权。那时候定价最重要的依据就是成本，价格的高低与供求关系基本无关。政府根据整个经济的状况和成本定价，很少考虑供求关系。但是市场经济下定价权掌握在企业手中，价格成为企业实现利润最大化的重要手段。

期望越低，满意越高

南海边的山区不出产牛，有个叫昭支昷的人住在那里。一天，有个人绑了只牛犊来到这里，它的体形有獒犬那么大，牛角像蚕茧和板栗。昭支昷见过牛偶，尺寸只有咫尺而已。于是把牛买回了家，逢人便夸这头牛天下无双。

过了一些天，先后有人向他推荐了四头牛，第一头300

斤，第二头600斤，第三头1000斤，昭支昷都一一买下了。

一天，梁都的船经过，对他说："这牛不够大。在合浦那里，有一种牛叫犎，它脖子上的肉向上隆起，龙一样的下颚肉向下垂着，快跑如飞，它的体重有3000斤。您何不把它弄来！"昭支昷又前往那儿买了回家，并且吓唬别人说："这么大了，还有大得过它的吗？"他将头巾推上额头跳起舞来，非常高兴。

一天，公孙伯光经过，昭支昷赶出牛让他验看。公孙伯光说："这牛不够大。在岷山和峨眉山的山谷中，有一种牛叫犩，它的体重有7000斤。您何不把它弄来！"昭支昷疑惑道："有这样的牛吗？虽然这么说，还是要去验证一下的。"等到了那儿，看到牛果然如伯光说的一样，昭支昷于是感叹道："假使别人不告诉我，我终究会认为牛犊是天下最大的牛啊！"

你觉得昭支昷是不是真的找到了天下最大的牛？为什么？

分析结果

昭支昷每次买牛时都非常欣喜，因为在他的预期中，这次买到的就是世上最大的牛。他每次买到的牛都比自己所预期的要大，因此，他每次买牛都非常满意。在经济学知识中，有这样一个词语用来充当顾客是否满意的标尺角色，即顾客满意度。

顾客满意度反映的是顾客的一种心理状态，它来源于顾客对于企业的某种产品服务消费产生的感受与自己的期望所进行的对比。也就是说"满意"并不是一个绝对概念，而是一个相对概念。

拒绝刻板认知

心理学中的刻板印象在经济学上也广泛存在，这种认知方式将某些人或某些事物先入为主地确定为某种特性，其实质却是源于主观臆想，或道听途说而形成的错误认知。如果投资者基于刻板认识去判断市场，很容易导致决策失误。你是不是能合理分配自己的注意力呢？来做做下面这个测试游戏吧。

启动游戏：

请你坐在一个装饰得五颜六色的房间内。

1. 请用1分钟的时间寻找屋子里面所有的红色，然后请闭上眼睛。

2. 找出屋子里的绿色在哪里？黑色在哪里？白色在哪里？黄色在哪里？通常，参与者这时候脑子中是一片红色。

游戏建议：

这个游戏可以引申出几个值得思考的问题。

1. 游戏中，当你被要求寻找红色时，是不是对其他的颜色都视而不见？当形成这种刻板印象，再打破它，你有没有感觉到困难？

2. 和游戏中忽略其他颜色一样，在生活和工作中，有时我们只专注于不好的一面，而忽略了眼前的机会。对此，你有什么感悟？

分析结果

这个游戏提醒我们，在学习和生活中，要注意消除对人对事的刻板认识。经济行为中的刻板认知并不鲜见，那些能克服刻板认知的人就能够创造出更多的财富。

三个和尚没水喝

从前有座山，山上有座庙，庙里有两只水桶、一根扁担。有一天，庙里来了一个和尚，和尚要喝水，于是就用水桶和扁担到山下挑水喝。不久庙里又来了一个和尚，两个和尚要喝水，于是就用水桶和扁担到山下抬水喝。后来庙里又来了一个和尚，和尚要喝水，可是问题出现了，一根扁担只有两头，一个和尚可以挑水喝，两个和尚可以抬水喝，三个和尚就不知道该怎么办了。结果，水桶和扁担被丢弃一旁，三个和尚都渴死了。

用经济学原理讲一下三个和尚为什么就没水喝了呢？

分析结果

从经济学知识角度来分析，在人数众多的大集体中，要通过协商解决如何分担集体行动的成本是十分不容易的。而且，人数增多，人均收益就相应减少，搭便车的动机便越强烈，搭便车的行为也越难被发现。这似乎与人们的经验是一致的。一个和尚挑水喝，两个和尚抬水喝，这是集体行动的成功；三个和尚没水喝，这是集体行动的失败。从两个到三个，由成功变成失败的关键在于集体人数的增加。

“利他”是问心无愧的“利己”

有一个君子国，在这个国家，人人都大公无私，不存有半点私心。

君子国也有交易行为，但卖者都会少要钱，而买者却要多给钱。以下是其中的一幕场景：

买东西的人说：“我向你买东西所付的钱已经很少了，你却说多，这是违心的说法。”

卖东西的人说：“我的货物既不新鲜，又很平常，不如别人家的好。我收你全价的一半，已经显得很过分，怎么可能收你的全价？”

买东西的人说：“我能识别好货物，这样好的货物只收半价，太有失公平了。”

卖东西的人又说：“如果你真想买，就照全价减半，这样最公平。如果你还说这价格太低了，那你到别的商家那儿去买，看还能不能买到比我儿这更贵的货物。”

他们一番争执不下，买东西的人给了全价，拿了一半的货物转身就走。卖主坚决不让走，路人驻足观看，都说买东西的人“欺人不公”。最后，买东西的人拗不过大家，只好拿了上等与下等货物各一半离开了。

你觉得买东西的人赔了还是赚了？

分析结果

这个故事说的是利他的结果，当然在现实生活中不会有这种情况发生。“读了《道德情操论》才知道‘利他’才是问心无愧的‘利己’。”1976年诺贝尔经济学奖得主米尔顿·弗里德曼曾这样说。经济学承认人是自利的，但并不是赞扬这种利己性，只是承认它是无法更改的人性。

显然，经济学假设所有人都是自利的，以自身利益的最大化作为追求目标。当一个人在经济活动中面临若干不同的选择机会时，他总是倾向于选择能给自己带来更大经济利益的那种机会，即总是追求最大的利益。

智猪博弈

假设猪圈里有一头大猪、一头小猪，它们在同一个食槽里进食。猪圈的一头有猪食槽，另一头安装着控制猪食供应的按钮，按一下按钮会有 10 个单位的猪食进槽，但是谁按按钮就会首先付出两个单位的成本，若大猪先到槽边，大小猪吃到食物的收益比是 9∶1；大小猪同时到槽边，大小猪吃到食物的收益比是 7∶3；小猪先到槽边，大小猪吃到食物的收益比是 6∶4。那么，在两头猪都有智慧的前提下，最终结果是小猪选择等待。

你觉得是大猪还是小猪先按控制按钮？

分析结果

实际上小猪选择等待，让大猪去按控制按钮的原因很简单：在大猪选择行动的前提下，小猪也行动的话，小猪可得到1个单位的纯收益（吃到3个单位食品的同时也耗费2个单位的成本）。而小猪等待的话，则可以获得4个单位的纯收益，等待优于行动。在大猪选择等待的前提下，小猪如果行动的话，小猪的收入将不抵成本，纯收益为-1个单位。如果小猪也选择等待的话，那么小猪的收益为零，成本也为零，总之，等待还是优于行动。

大猪/小猪	踩踏板	等待
踩踏板	7/1	4/4
等待	9/-1	0/0

在智猪博弈模型中，受罪的不管怎样都是大猪，小猪等着就行。智猪博弈模型可以解释为谁占有更多资源，谁就必须承担更多的义务。

智猪博弈存在的基础，就是双方都无法摆脱共存局面，而且必有一方要付出代价换取双方的利益。而一旦有一方的力量足够打破这种平衡，共存的局面便不复存在，期望将重新被设定，智猪博弈的局面也随之被瓦解。

不会降价的必需品

某商店开张，但顾客并没有老板预想的多。当老板听到满街的商店降价促销的吆喝声不绝于耳，打折出售的招牌随处可见，看到这些红红火火的顾客盈门的场面，老板心想“薄利多销”是很有道理的。

于是，老板将贴在外面的大米价目表改了一下，在原来的“1.8元1斤”上用红笔划去了“1.8”换成了“1.7”，即“1.7元1斤”。价格便宜了1角，但是没有多吸引多少顾客。老板想，可能是因为降价的幅度不大，于是将“1.7”改为了“1.5”，变成了“1.5元1斤”，这是非常便宜的价格了。但老板发现，吸引的顾客还是不多。等到晚上算账的时候，发现销售收入几乎没有增加。

请你思考一下，为什么商店的销售收入没有增加？

分析结果

的确如此，我们看到很多商品打折销售的同时，却很少看到粮食等商品打折销售。这是为什么？因为，粮食消费是我们的刚性需求，不会因为价格上升而减少对其消费。

刚性需求是相对于弹性需求而言的，指商品供求关系中受价格影响较小的需求，这些商品包括日常生活用品、家用耐耗品等，也可理解为人们日常生活中常见的商品和必需品。一般来说，生活必需品的需求价格弹性较小，非必需品的需求价格弹性较大，生活必需品才能成为人们的刚性需求。

第四章

提高财商，就要学会正确地花钱

你会花钱吗

关于花钱，每个人的方法都不相同。你会花钱吗？现在，就让我们来看一下吧！你刚买了一件漂亮的衣服，别人赞美你的时候，你会：

A.哪里，只是随便买的便宜货啦！

B.这可是名牌，我花了好多钱！

C.是吗？谢谢哦！

D.你身上的衣服也很漂亮！

分析结果

选择A：你的内心世界很复杂，别人很难从你的外表探到你的内心。你同时是个很理智的人，不会为了"脸面"之事而浪费钱财。

选择B：你会为了外在的东西花掉所有的钱。你是个爱慕虚荣的人，物质欲高于你的精神欲。

选择C：你有一颗晶莹剔透的心。你不会乱花钱，也不会因追逐时尚而浪费。

选择D：在花钱方面你很有分寸，你知道什么钱该花，什么钱不该花。

你拥有怎样的消费观念

现在，越来越多的人懂得消费升级的观念，知道如何才能更好地享受生活。你的消费观念如何呢？做完下面的测试，也许你就会明白。下面共有10道题，请从A、B、C三个答案中选择合适的答案，其中选A得5分，选B得3分，选C得1分，最后累计得分。

1. 你较偏好哪种颜色？

A. 黄色、褐色、粉红色

B. 红色、紫色、绿色

C. 蓝色、黑色、白色

2. 你喜欢的电视节目类型哪方面居多呢？

A. 访谈类、法治类节目

B. 体育节目、挑战类节目

C. 喜剧、综艺类节目

3. 平常看到喜欢的电视节目，你的习惯通常是：

A. 进广告就转台

B. 不转台，不过会去做其他事情

C. 几乎不转台，看到节目结束

4. 你最不想做梦梦到什么？

A. 感觉很不祥的梦

B. 吓出一身冷汗的噩梦

C. 梦中被人追杀

5. 目前你有三个工作机会，你会比较想从事哪个工作呢？

A. 旅行团导游

B. 百货公司柜台人员

C. 银行服务人员

6. 你的脸型是属于什么样子的呢？

A. 长形或倒三角形的脸

B. 圆形或椭圆形的脸

C. 有棱有角、方正的脸

7. 如果你逛书店时看到一本很感兴趣的书，你会：

A. 先买回去再好好阅览

B. 觉得很不错就买回去

C. 只看不买，在书店把它看完

8. 如果你有一笔积蓄，你会选择到哪个国家游玩呢？

A. 希腊、埃及

B. 美国、英国

C. 澳大利亚、新西兰

9. 你平常讲话的速度快吗，属于哪一种类型？

A. 很快，噼里啪啦型

B. 适中，井井有条型

C. 不快，慢条斯理型

10. 仔细观察你的鞋跟，通常是内侧还是外侧磨损较严重呢？

A. 左右脚都是外侧

B. 左右脚不同侧

C. 左右脚都是内侧

分析结果

10~20分：“天有不测风云，人有旦夕祸福”，你的观念较为保守。你认为钱虽非万能，没有钱却万万不能，多存一点总是好的。在生活风格上，你不求铺张浪费，只求实用方便。储蓄是一种美德，可是如果凡事过于一切从简，可能会丧失不少机会。该花费的就要花费，要营造自己的特色来凸显自己。

20~30分：对于消费，你较理智，不会刻意追求名牌，但也拒绝粗制滥造的便宜货。你认为赚钱不容易，能省则省；但是该花费的，你也不至于太吝啬。在自己有兴趣的项目上，你很舍得消费；只是有些方面你也可能寒酸过了头。理智的人通常不太懂得感性，也不太能掌握人际关系上的投资。能力是一项很重要的指针，但是在凡事讲求团队合作的今天也不能过分依赖单打独斗。

30~40分：你也想好好理财，不乱买东西造成浪费，只是在好奇心驱使之下，总是天不从人愿，刚清空的房间总是很快就又堆积如山，多了不少新东西出来。你买东西通常只为享受购物时的快感，常常刚买完就后悔了，买来的东西也常英雄无用武之地，不久之后就又被你丢掉。你也明白自己的缺点，只怪本性始终难移。强迫自己进行储蓄，尽量不要上街，专心致力于所做的事，或可抑制你一时好奇的购物冲动。

40~50分：你是一个崇尚名牌的人，凡所用物品皆很高档。对于生活，你也很懂得享受，无论居家配置，还是位置、颜色、感觉，以及气氛，你都致力追求完美。但在健康投资上面很保守，过于节衣缩食、挨饿受冻，很容易影响你的心情，造成情绪上的不稳定，严重者还有可能反映在生活的表现上。

你注意到自己的消费惯性了吗

某学生曾在××网购买过图书，此后就经常光顾××网。

一日，朋友问他："网上哪里买化妆品便宜？"

某学生："××网。"

朋友："哪里买衣服便宜？"

某学生："××网。"

朋友："网上哪里买手机便宜？"

某学生："××网。"

突然，朋友笑着推了他一下："你家是开××网的？"

此学生只因使用了一次××网，就如此大力推荐，反过来想想，就如他的朋友说得那样，买东西一定要上××网吗？

分析结果

答案当然是否定的，因为还有很多网站可供选择。那这位学生为什么给朋友推荐××网站？因为他熟悉这个网站，让朋友直接去买，提高了行为的效率（尽管未必会减少甚至可能增加付出的成本）。这种状态，在经济学中就是典型的路径依赖效应。

路径依赖效应，指的是人们一旦做了某种选择，惯性的力量会使这一选择不断自我强化，让人轻易走不出去。就像某学生他在头脑中形成了××网站售货的概念，就倾向于去该网站购物，从没想过要更换商家。

在网上买东西、系统交易、企业管理，其实也是缘于路径依赖。你的系统交易、企业治理模式不一定对，但若你使用了很长时间，就会产生依赖，即便明知有更好的选择，也可能一直使用下去。

你属于打折商品型消费者吗

你对消费的看法将直接影响你对金钱和理财的态度。想知道你对金钱及理财是什么态度吗？那就快来测试一下，看看自己属于哪一种消费类型吧！

下面有五道问题，请回答“是”或“否”。

1.你是否会不经过仔细的调查研究，就根据盛传的小道消息进行投资，唯恐失去大赚一笔的机会？

2.你是否经常关注大甩卖的消息，而不是注意你的财政情况？

3.你是否会花大量时间收集商家的优惠券，并用这些优惠券为你省钱？

4.当购买打折商品时，你是否首先想到你省了多少钱，而不是花了多少钱？

5.你是否有很多从没使用过的打折商品？

分析结果

如果你有4个以上“是”，你便是购买打折商品型的消费者。喜欢购买打折商品的人总是在寻找能满足个人需求的东西，寻求最大幅度的折扣。买到令自己满意的打折商品会很得意，但是当碰到更便宜的打折商品时，又会觉得很吃亏。

你属于挥霍享受型消费者吗

这里有五道问答题，请回答“是”或“否”。

1. 如果你因买彩票而突然暴富，你会认为与其将这些钱用来投资不如用来享受吗？

2. 超支令你感到更有成就感吗？

3. 你同意“说钱不能买到快乐的人只是因为他们不知道到哪里去买”的说法吗？

4. 当有人问你的财政情况时，你会感到紧张或有抵触情绪吗？

5. 你认为信用卡附属卡是生活必备物品，并经常将卡刷爆吗?

分析结果

如果你的回答中有4个以上“是”，你便是挥霍享受型消费者。挥霍享受型消费者的信用卡附属卡是他们最好的朋友，无论到什么地方，他们都会带着卡。他们可能会有一群朋友，大家经常在一起谈论高消费的情况，或者到高消费的地方玩，因此，当他们感觉不好的时候，就会通过花钱来享受人生。

你属于守财奴型消费者吗

看看下面的五道问题，请答“是”或“否”。

1. 钱是否与你成功的感觉密切相关？

2. 你是否感到待在家里数钱胜过去任何地方度假？

3. 你是否经常考虑钱的问题？

4. 与花钱相比，节约每一分钱是否更让你感到愉快？

5. 当你花钱买一些生活必需品，例如给你自己买一只手袋时，你是否感到内疚？

分析结果

如果你答了4个以上“是”，你便是守财奴型的消费者。守财奴型的人最爱他的钱。你的习惯就是省钱，你喜欢看着自己的存款数额不断增长。你将钱安全地存在银行中，从不考虑通货膨胀这个隐形扒手会每天吞食你的钱。你看起来非常成功，但是有时，你会担心自己会比钱的寿命长，以至于死的时候两手空空。

你的“月光”指数有多高

所谓“月光族”，就是一到月底就把钱用光、花光的人，你是不是也是一个到月底就全“光”的人呢？你会不会成为一名“月光族”“负翁”呢？进入下面的测试就可以知道答案了！请从第一题开始作答，选择合适的答案，并根据提示前往相应的题号。

1. 如果你一个人生活，你会住下面哪一个房子？

A. 家具齐全的房子→4

B. 全新装修的房子→2

2. 终于有了属于自己的家，你会怎么布置？

A. 摆满小饰品→5

B. 简约朴素地进行布置→3

3. 在街上经过一家店，看到橱窗中有一件心仪的衣服，但价格很高，你会：

A. 为了它，就算勒紧裤带也要买下来→5

B. 安慰自己只是看看就足够了→6

4. 穿着刚买的新装走在街上，突然发现有人竟然和你穿得一模一样，你会：

A. 回到家后把衣服束之高阁，不再穿它→7

B. 不在意，反正没人认识自己→8

5. 这个月有好几个朋友过生日，你怎么办？

A. 都给他们买礼物→4

B. 只送几个要好的朋友→6

6. 最近新上市了一款手机，功能外观正是你想要的，可你原来的手机还没坏，你会：

A. 必须要走在流行前线，买了它→11

B. 暂时不会买→9

7. 一般情况下，你的逛街次数是：

A. 一周一次→10

B. 需要的时候才逛→11

8. 你做事有计划吗？

A. 有是有，但是往往实行不了→9

B. 任何时候都要按计划做→7

9. 你有存钱的习惯吗？

A. 只有在梦中才会存钱吧→12

B. 该花的花，该存的存→10

10. 如果去旅行，你打算带多少钱？

A. 只带随身需要的钱，主要用信用卡附属卡→13

B. 尽量带多点，这样才能玩得舒服→15

11. 大伙一起出去吃饭，你总是抢着埋单？

A. 不会，我总是让别人请客→13

B. 大家都是AA制，没有谁请谁的→15

12. 如果家里没人，你会怎么打发你的晚餐？

A. 随便泡个方便面解决了事→D型

B. 在外面吃快餐再回家→C型

13. 你有以下哪种收藏爱好？

A. 明星的海报、CD、DVD→A型

B. 衣服、鞋子→14

14. 商场最近正在促销，你正好经过，促销员拉着你推销他们的新产品，你会怎么办？

A. 不胜其烦，快步离开摆脱他们→B

B. 经常被说得心动，然后马上就行动了→12

15. 旅游回来，你常常是满载而归吗？

A. 没什么可买的，空手而归→C

B. 去旅游就是要花钱的，既然出来玩就要带点纪念品→14

分析结果

A型：“月光”指数为★★★★

内在个性：易冲动，往往是冲动过后就会后悔；做事随心所欲，缺乏计划性；喜欢享受舒适的生活，多少有一些虚荣心，喜欢打扮自己，讲排场，追求流行，喜欢的东西会想方设法得到，一切跟着感觉走。

B型：“月光”指数为★★★

内在个性：缺乏主见，过于为别人着想而苦了自己，看重自己在别人心目中的形象，缺乏持之以恒的毅力，缺乏计划性，不太会理财。

C型：“月光”指数为★★

内在个性：做事有计划性，不会冲动购物，理智常战胜情感，能够坚持自己的立场，清楚自己所需，不会盲目跟风或与人攀比。虽然花钱比较理智，但对朋友不会吝啬，重情意。

D型：“月光”指数为★

内在个性：你讲究原则，对自己的要求很严格，考虑问题不仅仅从眼前的利益着眼，而且还从自己的未来规划着眼，所以你有当富翁的潜质哦。但有时个性过于偏执，对任何事情都斤斤计较，精打细算，遇到有关钱的问题便很敏感，常给人不近人情、小气的感觉。

你的消费行为受什么因素影响

斯宾诺的西装里经常携带大量的支票及各式收据。一次洗衣服时，西装里有一张数额不菲的支票被洗了，等到发现时，支票已经残损不堪。这张支票足以让他破产。

当他听说英国银行新提供了一种服务，能将破损的支票还原。尽管斯宾诺对这种服务并不抱太大期望，但他还是走进了银行。经过一番鉴定后，果然，斯宾诺得到了全部的钱。于是，当银行的服务员让他为自己的服务打分时，斯宾诺毫不犹豫地给出了非常满意！

你在这个故事中读到了什么？

分析结果

在这个故事里，当斯宾诺听说银行有恢复残损支票的服务时，我们可以假定他对银行服务的预期评价为 30（假定顾客评价 100 时为满意），而当他得到全额的还款时，现实就远远超出了自己的预期，他不仅对此感到满意，甚至还很激动，则我们可以假定他的实际效果评价为 120。通过这样的数值表示，我们就能很清楚地看到斯宾诺的满意程度。在经济学中这种情况属于“消费预期”。

消费预期是消费主体在对市场和经济状况做出判断情况下的消费倾向，也就是消费者在购买产品之前对于厂商提供的产品和服务的价值判断。而消费者的预期价值和他们在实际消费过程中的感知价值所形成的差距直接影响了消费者的满意度。并且消费者的预期价值直接决定了顾客需求的现状和趋势，影响了他们的购买决策。

一般来说，消费者在使用商品（包括有形产品和服务）以后，会根据自己的消费经验，对商品做出一个自我评价，并在此评价的基础上形成对该产品的态度，即是否感到满意。生活中还存在着这样个公式：满意=实际效果>预期。也就是说，对于我们来说，当在购买和接受服务之前，都会预先设想到我们应该会有怎样一个体会，也就是说有了一个期望值。

自然而然的，在体验产品的服务时，顾客就会产生一个实际的效果感受。倘若这些效果远远低于客户的期望值，那么客户心里就会亮出不满意的红灯。如果实际效果与期望值差不多，客户会感觉到一般满意；如果实际效果超过了期望值，甚至带来惊喜，客户就会非常满意。

你的人均可支配收入是多少

一老人垂危之即，颤抖着嘴唇对自己的孙子说：“孩子……等……工资……上调了，一定……要写……在纸上……烧给我，我要在下面投资。”孩子说：“放心吧，爷爷，我一定努力活到那一天。”听完孙子的话，爷爷满意地闭上了双眼。

几十年后，一位行将就木的老人跪坐于坟前，禁不住泪如泉涌：“孙子不肖啊，这么多年来，我一直等，也没等到工资上调，我愧对列祖列宗呀！”说完，急怒攻心，浑身颤了两颤就不动了，那双眼睛却还瞪得大大的，死不瞑目呀！

孙子死后上了天堂，他遇到了上帝，上帝说："我能满足你一个愿望。"

他说："能把巴黎搬到美国吗？"上帝说："这个难度太大，换个吧。"

孙子又说："那我要工资上调。"

上帝擦了擦头上的汗说："你前一个愿望是什么？把地球仪拿来我看看……"

从这个小故事中你读到了什么？

分析结果

这则稍显夸张的故事原在说明个人收入增长速度的缓慢，实际情况并非如此。很久以前，如果一位普通市民说，今后要自己买一辆小汽车，周围的人肯定会嘲笑他"做白日梦"，可现在，拥有私家车已经是很普遍的现象。这就引出一个概念：人均可支配收入。

人均可支配收入指个人收入扣除向政府缴纳的个人所得税、遗产税、赠予税、不动产税、人头税、汽车使用税，以及交给政府的非商业性费用等以后的余额。

在一定时期内，由于物价上涨，使得相同货币所能购买到的生活消费品和社会服务的数量与基期相比相应减少，造成货币的购买力下降，货币贬值。例如，20 世纪 80 年代的 2 元钱可以在很多餐厅大吃一顿，但现在只能买一块饼了。因此，计算人均可支配收入的实际增长时，必须扣除价格因素的影响。在目前国家统计部门编制的各种价格指数中，最能反映物价对人民生活影响程度的是居民消费价格指数。在计算人均可支配收入的实际增长时，都扣除了居民消费价格指数。

具体的扣除方法，用公式表示为：

人均可支配收入实际增长率=（报告期人均可支配收入/基期人均可支配收入）/居民消费价格指数×100%

可支配收入=实际收入－家庭副业生产支出－记账补贴－个人所得税

人均可支配收入（或人均生活费收入）即用家庭可支配收入（或生活费收入）除以家庭人口。一般来说，人均可支配收入与生活水平成正比，即人均可支配收入越高，生活水平则越高。因此，人均可支配收入是衡量各国经济发展情况的重要指标。

如何打理你的钱

你是怎样处理自己手中闲置资金的？你的理财方式合理吗？做过下面的测试，你就会知道自己适合怎样的理财方式了。每道题都有备选答案，请你从中选择合适的答案，选A记0分，选B记1分，选C记2分，选D记3分，选E记4分。完成所有题目后再计算出最终得分。

1.你即将有14小时的飞行旅行，而包里只放得下一本书。你想从两本书中做选择，其中一本书是你最喜欢的作者的书，但他最近出版的书令你相当失望。另有一本畅销书，可除了畅销你对它一无所知。你会：

A.选择畅销书

B. 选择你喜欢的作者的新书

2. 你去买正在上映的某知名电影的电影票，你要买8时30分的票，售票员却告诉你票已经卖完了，只剩下午和夜场的票。她还告诉你，8时45分在小厅有一个新电影上映，不过你没有听过那部新电影的名字，你会：

A. 购买新电影的票

B. 买午夜场的票

3. 你去专卖店买衣服，看中一款上衣，但你喜欢的颜色缺货。导购告诉你，在其他连锁店肯定有，不过现在是打折季节，不能为你特别保留。你会：

A. 马上赶到另一家连锁店

B. 买下手中的衣服

4. 下列哪件事会让你最开心：

A. 你在报纸竞赛中赢了10万元

B. 你从一个富有的亲戚那里继承了10万元

C. 你冒着风险，投资的2000元期权带来了10万元的收益

D. 任何上述一项，你很高兴有10万元的收益，无论是通过什么渠道

5. 你继承了叔叔价值10万的房子，已付清了所有的按揭贷款。尽管房子在一个时尚社区，并且预期会有高于通货膨胀率的水平升值，但是房子现在很破旧。目前，房子正在出租，每月有1000元的租金收入。不过，如果房子新装修后，租金可以有1500元。装修费可以用房子来抵押获得贷款。你会：

A. 卖掉房子

B. 保持现有租约

C. 装修它，再出租

6. 假如你进行一项投资，在一个月后跌去了15%的总价值。假设该投资的其他任何基本面要素没有改变，你会：

A. 坐等投资回到原有价值

B. 卖掉它，以免日后如果它不断跌价，让你寝食难安，夜不成寐

C. 买入更多，因为如果以当初价格购买时认为是个好决定，现在看上去应该机会更好

7. 你在某个电视竞赛中有下列选择。你会选：

A. 1000元现金

B. 50%的机会获得4000元

C. 20%的机会获得10000元

D. 5%的机会获得100000元

8. 专家估计一些资产，如黄金、珠宝、珍藏物和房屋（实质资产）的价格会上升，而债券的价格会下跌，但他们认为政府债券相对比较安全。如你现在持有大量政府债券，你会：

A. 继续持有

B. 把债券卖掉，然后把得来的资金一半投资到货币市场，另一半投资到实质资产

C. 把债券卖掉，然后把所有得来的资金投资到实质资产

D. 把债券卖掉，除了把所有得来的资金投资到实质资产，并向别人借钱来投资实质资产

9. 你购买一项投资，在一个月后暴涨了40%。假设你找不出更多的相关信息，你会：

A. 卖掉它

B.继续持有它，期待未来可能更多的收益

C.买入更多，也许它还会涨得更高

10.假如你在一家私营的呈上升期的小型电子企业工作。公司在通过向员工出售股票募集资金。管理层计划将公司上市，但要至少4年以后。如果你买股票，你的股票只能在公司股票公开交易后，才可卖出。同时，股票不分红。公司一旦上市，股票会以你购买的10～20倍的价格交易。你会做多少投资：

A.一股也不买

B.一个月的薪水

C.三个月的薪水

D.六个月的薪水

11.你选购电脑，选好品牌后，店员告诉你，如果你买销售展示用的电脑可以打8折，全新的电脑是没有折扣的，你会：

A.选择全新的电脑

B.选择打8折的电脑

12.以下四个投资选择，你个人比较喜欢：

A.最好的情况下会赚取200元，最差的情况下损失0

B.最好的情况下会赚取800元，最差的情况下损失200元

C.最好的情况下会赚取2400元，最差的情况下损失800元

D.最好的情况下会赚取4800元，最差的情况下损失2400元

13.如果你现在得到1000元的现金，并要求你选择以下其中一项：

A.额外多赚500元

B. 50%机会额外多赚1000元，50%机会维持得到1000元现金

14. 假设你承继了100000元遗产，你必须把所有遗产投资以下其中一项，你会选择投资：

A. 一个储蓄户口或货币市场基金

B. 一个拥有股票和债券的基金

C. 一个拥有15只蓝筹股票的投资组合

D. 一些保值的投资产品，如金、银或石油

15. 如果你拥有20000元并可投资，你会选择下列哪一个组合？高风险投资包括期货和期权；中风险投资包括股票和股票基金；低风险投资包括债券和债券基金：

A. 低风险占60%，中风险占30%，高风险占10%

B. 低风险占30%，中风险占40%，高风险占30%

C. 低风险占10%，中风险占40%，高风险占50%

16. 你比较愿意做下列哪件事：

A. 投资于货币市场基金，但会目睹今后六个月激进增长型基金增长翻番

B. 投资于今后六个月不断上升的激进增长型基金

17. 假设你喜欢运用不同的理财工具，例如股票、基金或是期货来投资。当行情看涨时，你会利用借款来扩张你的额度吗？

A. 是

B. 有可能

C. 不会

18. “投资的亏损只是短期现象。我认为只要继续持有投资项目，终必可收复失地。”您同意这说法吗？

A. 非常同意

B. 可以接受

C. 倾向同意

D. 倾向不同意

E. 绝不同意

19. 若市价忽然下跌，您是否仍会继续持有该投资项目：

A. 肯定会

B. 极有可能会

C. 不肯定

D. 极有可能不会

E. 绝对不会

分析结果

0~15 分：你的财商比较低，并且对自己没有信心。你基本上属于理财盲，你要学习的东西太多，而且投资对于你还是一个太遥远的概念，建议你还是先从最基本的东西着手，先搞清楚自己到底需要的是什么样的生活目标吧!

典型的投资组合是：100%存款货币市场基金。

15~30分：多看看周围的人是如何管理自己的资源的，在关注各种投资理财信息的同时，加紧开发自己的财商，掌握各种理财工具，只有努力才能创造财富，你必须努力提高自己的财商。多参加诸如富太太理财俱乐部之类的活动，在专家的指导下，稳步实现你的财富增长。

建议投资组合：45%股票及50%债券和基金，5%现金。

30~35分：您已经具有一定的理财能力，也经常独立地做出一些投资判断，如果你对自己花出去的每一块钱都多一份关注的话，就发现原来你可以做得更好。

建议投资组合：60%股票及30%基金，5%债券和5%现金。

做一个记账族

周小姐在婚前也是名副其实的“月光族”，每个月的收入不知道花在什么地方就没了。结婚后由于需要还房贷，周小姐不得不对两个人收入的每一分钱都精打细算。她现在供职于一家事业单位，收入固定。丈夫供职于一家房地产公司，偶尔会有些奖金。两个人的目标计划是在等待交房的过程中，赚够装修费，最少也得好几万元。

她选择理财的第一步是从记账开始。自从开始记账，每个月哪部分花销大、哪部分花销可以适当增加、哪部分花销不必要，她都了然于胸。为了详细掌握资金流向，积累理财经验，通过不断摸索实践，周小姐设立了日常开支账、伙食专用账、投资专用账三个账本。这三本账不仅让他们细致地记录下每天所有开支，理性健康地消费，月底汇总后还能及时调整投资方向。

在现实生活中，你是一个记账族吗？记账成为你掌控金钱的工具了吗？

分析结果

赚钱越来越难，避免自身财务陷入危机的当务之急就是省钱了。让我们从记账开始，记下每天衣食住行的各项开销，过量入为出、精打细算的日子，保证你在不久的将来就成为“有钱人”。

在投资理财中，制订一套“用钱”计划很重要。只记流水账，按时间顺序记录每天开支，久而久之就会变成一笔糊涂账，很难统计。只记账不分析，虽然每笔账明细都很清楚，但不加管理仍会漏财。最好每个月检查一下账本，看看哪部分支出超过预算，慢慢学会应该怎么花钱才不影响生活品质。

记账——这个看似琐碎的习惯，却能帮助你每个月省下一笔开销。你还没开始记账吗？现在开始还不迟！

你是抠门还是挥金如土

你经过面包店的门口时，面包店里新鲜出炉的面包香味四溢，根据香味来判断，你觉得这会是哪种面包？

A. 菠萝面包

B. 奶酥面包

C. 牛角面包

D. 奶酪面包

分析结果

选A：你天生就是小气家族的忠实支持者，能不花自己的钱就可以达到最大的收获，是你一生追求的目标。

选B：你对于金钱的概念就像乱成一团的毛线，很难理出一个头绪，理财对你来说简直是痛苦至极。自己有多少钱，你从来没搞清楚，反正只要今天口袋还有钱，管它明天会怎么样。

选C：当用则用，当省则省，你对于自己的经济状况十分了解。如何在每个月的支出和收入之间取得平衡，完全在你自己的把握。你对于理财也小有概念，有计划地花钱，让你的生活一直在平均水准之上。

选D：你的品位不错，算是一个注重生活品质的人。在你的生活哲学之中，精神的满足会比金钱的付出来得重要，虽然不至于挥金如土，但你确实不太在乎金钱的支出。

从救援公主测你的奢侈生活

从前，有个美丽的公主，不小心被坏人抓走了，你觉得谁才能救得了她？

A. 骑着白马的王子

B. 体格健硕的武士

C. 会使用魔法的巫师

D. 机器战警

分析结果

选A：你不论挑选什么都是以外表为第一优先。你喜欢追着流行跑，但其实对流行并没有什么眼光。

选B：只要是挂上“健康食品”“强健滋补”“美容养颜”名义的东西就能让你掏出钱来。你对这些东西几乎没有抵抗力。

为了追求理想外貌、身材，你的意志倒是蛮坚强的。

选C：美食、娱乐方面，只要是能令你觉得心情愉快、有满足感的东西，你花起钱来就毫不在乎。虽然所费不菲但令你内心满足其实还是值得的。

选D：只要跟学习、教养方面有关系的，要你掏钱出来就非难事。虽然学习欲望强、喜欢挑战各种领域，但往往无法专精，教材买了一堆却不见得有热情继续下去，最后摆在书架上当装饰品的也不少。

中了500万你会怎么样

你买了一张彩票，兑奖时发现自己中了500万，你的反应会是？

A. 大笑大叫

B. 情不自禁地跳起来

C. 激动得紧紧握住彩票

D. 待在原地，默默在心里激动

分析结果

选A：平时你很少将心情表现在脸上，无论高兴或生气，外在只表现30%，别人很难猜测你的心意。其实你是很压抑情绪的人，平时看似稳重的你，可能在瞬间爆发，让别人有点不知所措。

选B：你的悲喜都表现在脸上，是一个无论高兴或难过都藏不住的人，一点小事能让你高兴，也能让你悲伤，但是你恢复得也快。另外，你很不会说谎，你说谎时的脸色一定异于平时，让对方一眼就看穿。

选C：你是一个社交型的人物，在团体中，你把彼此的沟通看得很重要，因此你人缘多半不错。你对金钱看得很重，小心别因为钱伤了朋友和气。

选D：你是一个情绪化的人，有时显得活泼好动，有时显得孤独。你也很容易因为别人的赞赏而高兴，因为别人的评论而思索，所以你是一个敏感的人。

如果在路边捡到1000元

你偶然在路边捡到1000元钱，一时又找不到失主。正好你想去买一件大衣，但是这些钱又不够，如果用这些钱去买一双运动鞋，则又多了数百元，你会怎么做？

A. 自己添些钱把大衣买回来

B. 买运动鞋，再去买些其他小东西

C. 什么都不买先存起来

分析结果

选A：你的决断力还不错，虽然有时会犹豫徘徊，可总是在紧要关头做出决定。你最大的特色是做了决定不再反悔。这并不是因为你的决定都是正确的，而是因为你好面子，错了也不愿承认。

选B：你是标准的拿不定主意的人，做事没有主见。个性上你有些自卑，不能肯定自己，你这种人一定曾经受过某些心理伤害，或者周遭的人物太优秀了，因此造成你老是有不如人的感觉。

选C：你对家的依赖性很强，若不到必要，你是不会离家独居的，即使迫于无奈，你仍会和家人保持密切的联系。你是个很顾家的人。

渔翁为什么只要小鱼

一个渔翁在河边钓鱼，看样子他的运气很好，没多久，只见银光一闪，便钓上来一条。可是，十分奇怪的是，每逢钓到大鱼，这个渔翁就会将它们放回水里，只有小鱼才放到鱼篓中。在一旁观看他垂钓很久的人感到很迷惑，于是就问："你为何要放掉大鱼，而只留小鱼呢？"渔翁答道："我只有一口小锅，煮不下大鱼，并且小鱼的味道更鲜美。"

请从经济学方面分析渔翁的行为？

分析结果

渔翁对大鱼并不是没有需求，而是客观因素限制了他的需求。对于市场上的消费者而言，经济状况决定了人们的购买能力，也影响其消费需求。现实经济收入水平是决定购买能力的直接因素之一，同时也影响着顾客消费的选择及其结构。

怎样搭配才能花钱最少

李大妈是个很会过日子的人，买东西精打细算。这天她准备做午饭，看着家里没什么菜了，就去菜市场买菜。她先买了白菜、萝卜和西红柿，花了 10 元钱；又买了豆腐和粉条，花了 5 元钱。一看钱包里只剩下 2 元钱了，本来还想买一斤肉，可钱不够了。

这怎么办？不能不买肉，家里已经没有荤菜了。李大妈这时才觉得白菜、萝卜和西红柿买多了，于是找卖菜的想退掉一些。买了菜还要退货？好在卖菜的见李大妈是老主顾，就退了她 5 元钱的菜。李大妈于是花 7 元钱买了点肉，心满意足回家了。

如果你是李大妈，你会怎么做呢？

分析结果

我们来分析李大妈的消费活动。李大妈带的钱是有限的，一共只有17元钱，她必须用这17元钱满足她各种菜的需要。白菜、萝卜和西红柿花了她10元钱，随着购买量的增加，边际效用减少了。想买肉而钱不够了，这时肉的边际效用就增加了。由于每元钱用于购买菜和肉的边际效用并不相等，李大妈心理不平衡，所以她要去退货，以便重新将货币分配于菜和肉的购买上。后来她用退回来的5元钱，再加上剩下的2元钱，这样，每元钱用于购买菜和肉的边际效用就相等了，实现了消费者均衡，从而心满意足。

由此，我们可以看出消费者均衡的原则是：在消费者的货币收入固定和物品的价格已知的条件下，消费者总是想让自己购买的各种物品的边际欲望与各自价格的比值都相等，换句话说，消费者总是幻想自己的每一单位货币所获得的边际效用都相等。

这辈子你有多少钱才够花

在这个纷繁复杂的物欲社会中，越来越多的人对钱趋之若鹜，一旦出现了赚钱的机会，立即就会蠢蠢欲动。想知道你要赚多少钱才算够的话，就来测测吧！请从第一题开始作答，选择合适的答案，并根据提示前往相应的题号回答问题。

1. 如果你收到“你中大奖了”之类信息，你的第一反应是：

A. 狂喜→3

B. 冷静→2

2. 魔法师给你一个神奇宝盒，这个盒子每一层小方盒都装有数不完的金子，如果魔法师限定你在一定的时间内拿走它，这些财富便为你所有，但同时告诉你，这个盒子的最里层装着炸弹，它会在3～5分钟之内爆炸。想想你可能花多少时间去拿金子呢？

A. 用满3分钟→3

B. 不到3分钟→4

3. 你存钱的习惯是：

A. 攒到一定数额才去存进银行→7

B. 一有钱就存进银行→5

4. 你买彩票的习惯是：

A. 长期压一注号码→5

B. 随机选号→8

5. 如果你现在手中有一张面额500元的超市购物卡，你会按照计划购买商品还是会将这500元全部花光？

A. 按计划购物→6

B. 全部花光→7

6. 如果有一份工作，那么促使你做出跳槽决定的关键原因是：

A. 薪水不够高→8

B. 不满意老板的做事风格→7

7. 你身上的零钱通常在哪里“安家”？

A. 衣服口袋→9

B. 零钱包→8

8. 你几乎不用手机煲电话粥？

A. 是的→9

B. 不是→11

9. 你有机会到某著名节目现场答题，奖金累计1万时，当主持人问你：“要继续答题，还是放弃？”你的选择会是：

A. 放弃→10

B. 继续答题→14

10. 如果你很想买一部私家车，但目前财力有限，不能购置你喜欢的品牌，你会：

A. 要买就买喜欢的→12

B. 买一辆自己财力范围之内的→14

11. 假如买彩票中了500万，你第一个念头是：

A. 在城市的豪华社区买一套舒适的花园别墅→13

B. 用来做投资，将500万变成更多的钱→12

12. 你有没有向朋友借过钱？

A. 没有→15

B. 借过→14

13. 你想变成有钱人的最大动力是：

A. 拥有高品质的自由→14

B. 受不了有钱人在自己面前摆阔的模样→15

14. 你一次也没有被街上那些“和尚”“学生”骗钱的把戏骗过？

A. 是的→D型

B. 不是→C型

15. 你最能省钱的地方是：

A. 吃→B型

B. 穿→A型

分析结果

A型：你是理财的高手，天生对钱这东西十分敏感。对于你来说，有多少钱都不多。你总是想我还能创造多少财富，而一旦实现以后，你的眼睛又会盯准下一个更高的目标，绝对属于大富不嫌贵的那类人群。

B型：你对钱的看法很简单，让生活更好是你将来赚钱的最大动力。你有想法有实力，对生活也有不一般的要求。你只要自己喜欢的东西，不愿意因为没钱退而求其次，所以你生活的方向是赚钱养活自己。

C型：你对赚钱的态度是小富即安。你对生活保持淡泊的心态，不喜欢经历大风大浪的起落，对钱没有过热过猛的追求。但对家有着执着的向往，不愿错过一刻与家人共享天伦的时光。

D型：享受生活将是你赚钱的最大目标。既然人来世上只是一辈子，那么该享受的都不能错过。你是抱着这种心态赚钱的。有钱是一切，在你眼里，有钱人几乎是无所不能的，你会觉得他们拥有比一般人更好的机会，更多的自由，更完整的幸福。

你是败家一族吗

随着社会越来越多元，越来越开放，年轻人的选择多了，诱惑也多了。做个小测验，看看你是不是败家一族吧！请给每个问题选择合适的答案，选A记1分，选B记3分，选C记5分，完成全部问题后，计算出最终得分。

1. 请问你通常是如何选购手机的呢？

A. 实用、方便、价格低廉

B. 扩充性强、造型满意

C. 话题手机、明星代言、大厂出品

2. 你平常花费在无意义的事情上的时间多吗？

A. 不多，很多事情都先计划好了

B. 没人安排，就会不知道要做什么

C.好像挺多的，反正过得快乐最重要

3.在唱歌技巧方面，你会坚持：

A.会保留实力，不会刻意去尝试自己不熟悉的领域

B.如果当天状况好，我可能会试着拉高音或加入其他技巧

C.不使尽吃奶力气试试看怎么知道我没办法唱

4.如果目前的车使你很满意，那么下次换车，你会选择：

A.真的各方面都感觉不错，我就可能继续订购同型车

B.不会买一样的车，不过可能考虑订购同品牌的其他车

C.当然是换掉，跟目前的车子越不一样越好

5.假设你现在是个成功人士，你会想开怎样的车？

A.治安不好，不需要太张扬，普通豪华的车即可

B.既然我是精英阶级，一定要是一般人无法买得起的车

C.只要心情好，旧车照样给它开上路

6.你是否花很多时间、精力在一件事情上？

A.常常如此，很多事只要做了我就想做到最好

B.看兴趣吧，感兴趣的就能让我废寝忘食地完成

C.看兴趣吧，感兴趣的可能就稍稍多花一点时间去研究

7.如果想买一个自己感兴趣的东西，例如一个羽毛球拍，你会：

A.重视品质——好用、顺手，适合自己最重要

B.重视品牌——大品牌的东西不敢乱来，也表示我识货

C.重视品位——普通人一看就知道这是迈克尔·乔丹拿过的球拍

8.你平常到KTV都是点哪一类歌呢？

A.歌不在多，好听为赢。我点的类型不会差太多

B. 类型差不多，偶尔会异想天开唱一些怪歌

C. 每次都要不一样，才能尽显我“歌神”的封号

9. 你在逛街时，是否常有意无意间带了一些东西回来?

A. 我通常很少逛街，真的想买东西才出门

B. 无聊可能会到处看看，想掏腰包的机会不多

C. 我已经做好回去被人唠叨的心理准备

分析结果

10分以下：可能是因为经济与生活的压力，或许你本身俭朴的个性，关于钱的每件事总要斤斤计较。

19~27分：你总认为身边该留一点钱。你会把钱放在银行生利息，也懂得利用手边的资金。当赚取的钱达到你设定的目标，你会利用盈余来好好犒赏自己一番。

28~36分：你很想克制自己购物的欲望，只是每次你都有办法说服自己，从口袋掏出钱把这个东西买下。虽然每次买完就后悔了，你也总是乐此不疲。

37分以上：你觉得人生就该及时行乐。动用循环利息与每个月捉襟见肘地筹钱对你来说是家常便饭。搬到荒郊野外大概才能帮你抑制花钱的冲动。

你把私房钱藏在哪儿

如果你得到一大笔奖金，却不想让家人知道，你要把钱藏在家里的某个地方，你会藏在：

A. 卧室中的五斗柜里

B. 客厅中的花瓶里

C. 挂在墙上的画后面

D. 客厅的地毯下

分析结果

选A：你对金钱的处理很谨慎，就算在紧急关头也有条不紊，你平日做事很有条理，连房间书桌也井井有条。你存私房钱的原因是避免与他人因消费观念不同发生冲突与争执。

选B：你是一个凡事都会留后路的人。你懂得尊重别人的意见，可能经常因此被人占便宜，你存私房钱的原因是可以在必要的时候保持自己的体面。

选C：你是个典型的行动派，你很有胆量，你认为正确的事会马上实行，不去理会别人的意见。你需要足够的金钱来自由支配，有时候你也会为自己的冲动付出一定的代价。

选D：你是一个具有大胆与冷静两种特性的人，你也有很好的金钱观并且善于理财。你对他人的理财能力很不信任，觉得只有金钱在自己手中才有安全感。

你是否挥霍成性

每天早上起床之后我们都会刷牙，你平时都是怎么刷牙的？

A. 简单刷一刷，应付一下

B. 仔细地慢慢刷

C. 刷牙时还开着水龙头

D. 漱漱口就好了

分析结果

选A：你是个乐观主义者。你一定要仔细想想自己的致富目标是否切合实际，是否在你的能力范围之内。

选B：你是个金钱崇拜者，总在憧憬自己能过上奢华的生活。你总有办法达到致富的目标。但需要注意的是，你不要只是为了金钱而拼命。

选C：你是一个很现实的人，你的人生目标总是很客观而且很容易实现。你总是稳扎稳打，如果再多一点闯劲和激情的话，你的生活就更完美了。

选D：怯懦是你给人的第一感觉，你做起来事来很谨慎，唯恐出错，因此你适合做与会计有关的工作。你不会发大财，原因是你怕冒险，怕钱多了会有新的麻烦，你的生活平稳安宁，你的生活目标很现实。

你有花钱享乐的命吗

每个人一生中可以赚多少钱可能要看机会，但是会花多少钱可以从性格中观察出来！今天就进入你性格的潜意识来看你有花钱享乐的命吗？

现在有四张扑克牌，请从这些扑克牌中选择一个喜欢的花色代表你自己。

A. 方块K

B. 黑桃K

C. 红心K

D. 梅花K

分析结果

选A：你天生劳碌命，根本没有时间花钱。选择这类型的朋友个性认真，对工作非常认真执着，而且非常吃苦耐劳，钱一定都要花在刀刃上，天生劳碌命的他就算人没有在忙，心也一定在忙。

选B：你是超抠铁公鸡，根本不舍得花钱。这种类型的人非常传统与保守，会很努力赚钱但都要存下来，为了能让下半辈子衣食无缺，所以他不会乱花钱买东西，宁可买房子、存起来。

选C：你责任感强，钱都给家人用了。这类型的朋友都非常爱家，觉得家人的幸福就是自己的幸福，所以即使再努力辛苦工作，也要让家人生活过得富裕，选这个选项的人要恭喜你的父母或家人！

选D：你天生好命，懂得及时行乐。这类型的人看得开，而且很爱自己，他觉得人生走一遭，就应该要对自己好一点。所以选择这类型的朋友生活会过得非常快乐，而且花钱绝对不会手软。

你手里的钱够用吗

你偶然在路上捡到一个小皮包，你觉得里面会有什么东西？

A. 许多现金以及信用卡

B. 少量现金和化妆品

C. 现金、手机和钥匙

D. 什么都没有

分析结果

选A：你的钱明明够用却始终担心有一天钱会花完，这是因为你对钱没有安全感。这类人很会赚钱，可是内心深处永远有一块没有安全感，因为值得担心的事情实在太多了。

选B：没生意头脑的你耳根子又太软，因此钱容易被人骗走。这类人内心深处非常柔软，再加上很容易相信别人，因此要小心把钱守紧一点。

选C：宠爱自己和家人的你很舍得花钱让自己和家人好好享受。这类人觉得赚钱的目的就是要让自己跟家人活得更好，花钱就是享受生命，不过往往赚得越多花得也越多。

选D：对赚钱不够积极的你要懂得开源节流，不然以后会更缺钱。这类人个性随缘，对赚钱这件事一点都不积极。除非他们很享受这种状态，否则不适当修整自己的心态的话，妄想钱会从天上掉下来是不现实的。

测测你的花钱态度

聚会时，生猛海鲜一一被摆上桌。在你面前的是一条大石斑。你看得口水都快流出来了。先下手为强，你赶快拿起筷子。你会从哪个地方下手？

A. 鱼头

B. 鱼腹

C. 鱼尾

D. 没有特定地方

分析结果

选A：只要是让你中意的东西，若是不得手便誓不罢休。你平时虽有节省的习惯，却仍会有大量采买的可能，不过，这种情形发生的频率并不高，因为能让你中意的东西并不是很多。

选B：你是百货公司大减价中最受欢迎的盲目购物者，尤其对吃的、穿的更是一点也不吝啬，只要喜欢就掏钱买，所以，常成负债累累的可怜虫。

选C：先选这个选项的朋友是标准的铁公鸡，即使买泡面也要考虑到底是买碗装（较贵，但不需要洗碗）还是袋装（较便宜，但是需要用洗洁剂洗涤碗）。

选D：你是时常忙到三更半夜却仍做不出什么事情的人。因为做事漫无目标，花钱的态度也很无所谓，所以，常把钱交给别人处理。

第五章

提高财商，就要树立理财意识

你拥有怎样的理财观

你的理财观是怎样的？下面的这个测试将会给你准确的解答。请为下面的10道题选择合适的答案，其中选A得1分，选B得2分，选C得3分，选D得4分，累计分数得出最终得分。

1. 你的手机铃声设定：

A. 感觉很卡通的音乐

B. 好听的音乐

C. 单纯的电子音

D. 最普通的铃声

2. 你买衣服通常：

A. 容易受售货员或广告的影响来决定买不买

B. 喜欢一见钟情的感觉，一眼看中就会买下

C. 约一个同伴，请她帮你做参谋，但不一定对她言听计从

3. 你的刷牙方式比较接近哪一种：

A. 一边让水龙头开着一边刷

B. 更喜欢用漱口水而不是麻烦的牙刷

C. 越快越好三两下刷完了事

D. 慢慢地，仔细地刷

4. 你没有特别目标而上街闲逛购物的频率大约是：

A. 几乎每天

B. 一两周一次

C. 个把月或者更长时间一次

D.从不，每次逛街都要定好购物计划

5.钱对你来说更多意味着：

A.更自由地购买名牌

B.更高层次的享乐方式

C.更为自由、更有保障的生活

D.存折上日渐增长的数字

6.假如要你购买冰箱彩电等大型物品，你会：

A.无所谓，有一次我甚至穿着睡衣去超市逛逛就把彩电买回来了

B.总要比买衣服、化妆品慎重些，去百货商场仔细选购

C.征求身边人的意见来决定买什么样的

D.先收集整理网上相关资料，综合朋友意见确定某一品牌型号，进了商场直奔那一款而去

7.你最喜欢的吃饭方式是：

A.一大帮朋友说说笑笑地吃

B.和家人一起吃

C.无所谓，只要吃饱吃好就行

D.自己做来吃，因为这样不用征求别人意见，想怎么就怎么样，也比较省钱

8.如果突然得到一笔四位数的意外之财，你会：

A.赶紧上街狂购一下花个精光

B.背上包旅游去

C.看看自己需要什么，渴望什么，然后上街购物，但不会一次把钱用完

D.把钱存起来

9. 假如父母给你一张信用卡，你的态度是：

A. 没有它，你上街买衣服不会那么爽，没钱的时候也不知道该如何熬过去

B. 有时透支

C. 很方便啊，但一般情况下不会透支

D. 借记卡就足够了，因为你绝不会允许透支这种事发生

10. 假设你进了一家古董店，里面有四件物品你都喜欢，可是碍于经济能力，只能先买一种，你会选择：

A. 煤油灯

B. 烛台

C. 提包

D. 闹钟

分析结果

10~16分：你认为赚钱的目的是生活得更好。所以，花钱的时候你绝不会手软。你通常是所谓的零储蓄一族。如果这种消费观是建立在你的自信和足够的赚钱能力上，也许并没有什么不好，但你的想法只是得快乐时且快乐的话，将来，你也许会在金钱问题上遇到麻烦。

17~24分：你有时候可能会感觉出金钱的重要性而积极存钱，但3分钟热度过后马上放弃。你没有太强的金钱观。建议你请亲密的人或好友来督促你存钱，或是到银行办一个零存整取的存折，养成每月存一点钱的习惯。

25~34分：你是很有金钱观念的人，花起钱来也有计划性。通常你的每一分钱都会花在最有用的地方，很少发生主动购买而

事后又后悔的事情。你在理财储蓄方面也相当有一套，其实并没有人教你，几乎是天生的。

35~40分：认为金钱本身胜过一切。朋友们常常背地里说你小气。一毛不拔的金钱观念也使你错失了许多赚钱的机会。其实金钱本身只是一个数字，只有用金钱换来你需要的东西时，它才是有用的。不要让年纪轻轻的自己成为金钱的奴隶。

你的理财盲点是什么

如果你手中有一笔闲置的钱，可以购买以下四种古董里的其中一种，这四种古董售价相同，你会选择哪一种？

A. 老式相机

B. 古代欧洲织毯

C. 古董手表

D. 名家字画

分析结果

选A：你花钱是为了让自己开心，并且觉得花再多钱都值得，不愁以后赚不到。建议你凭自己的魄力和品位去进行一些能升值的消费。

选B：你容易冲动消费而导致资产赤字。建议你做好每周预算，尽量让自己理性花销。

选C：你很懂得理财的重要性，但单一的储蓄方式增值又太慢。如果你手边有一笔不急用的存款，建议你试着做一些能增加你理财效率的事。

选D：你觉得理财麻烦，又嫌定期储蓄效率太低。建议你请值得信赖的人帮你理财，这样更有利于累积财富。

你的精算指数有多高

现在，我们来测试一下你的精算指数有多高吧！过生日时，你认为自己的生日蛋糕上，需要有哪些装饰来增加气氛？

A. 自己喜欢吃的水果

B. 可爱而有趣的图案

C. 应景的立体装饰

D. 没有特别的装饰

分析结果

选A：你在钱财的运用上十分谨慎。但是在开辟财源方面比较保守，所以你很难发大财，但也不会缺钱花。

选B：有时你挺小气的，让人觉得你处处算计，但某些必要时刻，你却会出手大方；你认为钱要花在刀刃上，才能够发挥最大的经济效用。

选C：基本上你是个敢花大钱的人，只要感觉对盘，你很容易就破财大失血，所以你的财务通常呈现捉襟见肘的状况。

选D：你很会理财也善于投资，不愧是标准的精算大师，非常有成为亿万富翁的潜力。

树木测你的理财观

假如你能在自家后院栽上一棵树作为幸运树的话，你打算栽什么呢？

A. 梧桐树

B. 松树

C. 芭蕉树

D. 黄果树

分析结果

选A：你自己对物质要求不高，吃饱穿暖便已经满足。但你又希望自己拥有对财政大权的完全控制。

选B：你对于任何觉得烦心的事都不想过问，包括金钱。如果你忽然中了500万福利彩票，会在很长的一段时间内不知所措。

选C：你是个比较性急的人，如果得不到想要的东西，会不顾一切地想办法。最好留出比较宽裕的部分给自己做零用，不然会没有节制地把所有钱都花光。

选D：凡是你认为对自己有利的事，你都会坚定地去执行，包括金钱方面也一样。而你手里一旦有了钱，也肯定全部用在自己身上。

从盛饭看出你的理财观念

在给别人盛饭时，一般情况下你会怎么做？

A. 把饭盛得松松散散的

B. 把饭盛得满满的

C. 把饭盛得和碗口齐平

D. 把饭盛得圆满结实

分析结果

选A：你对金钱毫无概念，整天只想着怎么花钱，从来没想过没钱的后果。你绝对不适合有零花钱，否则肯定会在几天之内就花光，然后就向身边的人借钱。

选B：不论对自己还是对朋友，你都出手大方，所以你经常口袋里空空。要记得节省一点，否则到真正用钱的时候后悔都来不及。

选C：你把钱看得很重，一分一毫都会计算得清清楚楚，花钱从不大手大脚，但是像你这种无时无刻不斤斤计较的人，只会给人一种寒心的感觉，这样会失去很多朋友。

选D：你有积少成多的习惯。正是由于你善于理财，知道量入为出，因此还算比较富有。

从不同意见看你的财富盲点

当你和同学在学习上出现不同意见时，你会怎么做？

A. 坚持己见

B. 希望和同学多沟通

C. 不和同学争，不再坚持自己的意见

D. 请旁人来评理

分析结果

选A：你是个很有主见、非常自信的人。在理财方面，你过于相信自己的赚钱能力。一方面，你的自信是你致富的条件和本钱，另一方面也可能成为你的致命伤。

选B：你有着很好的沟通习惯，非常适合在一个团队中担当要职。你良好的人际关系也会对你的财富积累大有帮助。

选C：在理财方面，你经常会对自己的决定犹豫不决，即使已经制订了非常好的理财规划，也很有可能因为别人的一句话而改变自己最初的想法。

选D：你在理财方面善于听取旁人的意见，这将对你今后发财致富有很大的帮助。

你具有哪些理财优势

你知道自己的优势是什么吗？如果你能将生活和事业发展都建立在你的优势之上，就会离成功越来越近。一个成功的理财者，就是要不断发掘自己的理财优势，充分利用自己的优势发展个性的理财计划，达到事半功倍的效果。

下面我们就来做这样一个测试，从下面的描述中寻找最符合你的句子，找到一个计1分，将每个条目下的得分相加，满分为5分。

1. 你对事物总是充满好奇？

你喜欢搜集各种信息

你喜欢搜集一些东西，比如邮票、标本、古董、老照片等

你喜欢旅行，因为旅行中总能发现新奇的事物

你喜欢整理和储存自己的东西，这会让你觉得非常有趣

2. 你喜欢思考？

你喜欢解决一些理论上的难题或者数学题

你喜欢独处，进行冥想活动

对生活中遇到的事情，你总是做深入的分析

你喜欢内省，深入了解自己的感受

3. 你总是知道自己在做什么，会有什么样的结果？

你喜欢给事情制定目标，并且按照目标去完成

你不喜欢拖延或者遇到挫折

你不愿意在做事情的时候受到打扰，即使仅仅是愉快的休息

你需要完善你的计划来填充日程，否则就会手足无措

4. 你喜欢用自己的观点说服别人？

你喜欢让别人服从你，如果别人不服从，会让你感到不快

你感到向团队中的人陈述事实或真理是你的使命

你是一个立场鲜明的人

你喜欢发号施令的感觉

5. 你渴望有所建树？

你渴望自己成为业内一个里程碑式的人物

为了获得成功，你可以牺牲自己生活的某些部分

你很难感到满足

一旦你的学习停下来，你就会对自己感到不满意，即使你真的需要休息

6. 你喜欢认识新朋友？

你喜欢扮演调停者的角色，喜欢帮别人解决矛盾

你喜欢与陌生人攀谈，甚至建立友情

与生人谈话时你从未感到尴尬

你喜欢让别人对你产生好感

7. 你深知自己是个有能力的人？

你觉得自己与众不同

你认为自己一定能取得成功

你觉得自己能胜任很多挑战

很少有什么权威会使你感到畏惧

8. 你最爱问“我们什么时候可以开始”这个问题？

你讨厌空谈

即使在事情并没有完全清楚之前你就会开始着手去做事

你觉得最好的学习是在做事中学

你经常一有想法就付诸实践

9. 你深信凡事发生必有原因？

你认为所有事情都相互联系

你对事情的分析和认识常常不止于事情本身

你对整个世界具有一种悲悯的情怀

你为人周到、体贴、宽容，能站在他人立场上想问题

10. 你对自己的要求是达到十全十美?

你认为与别人一样的水平对你来说就是失败

你希望自己拥有高人一等的水平，在任何方面

你希望自己在每件事情的处理上都完美无缺

你很少对自己的成就感到满意

分析结果

寻找你得分最高的5个条目，仔细研读一下相应的解释和建议，你会发现自己的优势所在。在制订下一段的计划时，你会更加清楚如何扬长避短，逐步实现自己的理财目标。

1.搜集：喜欢搜集的你对于金融市场的信息一定有狂热的兴趣，这能让你掌握更多更新的资讯，从而更快进入一些新兴领域或者从资讯中受益。

2.思维：喜欢思考的你总是能够发现现象背后的本质，在纷繁的事件中找到最根本的原因，预测事件的发展方向，从而做出正确决策。

3.专注：做事认真专心到你这种程度，无论事情多么困难，也没有什么好怕了。几乎所有的创业者在创业初期都遇到了种种困难，只有专注的人坚持下来了，最终达到了目标。

4.统率：具有强烈权力动机的你喜欢使事情在自己的掌控之下运作，而理财需要你对财富的完全把握。将对权力的欲望施加于金钱是最好的选择。

5.成就：酷爱追求成功的你在财富这么重要的问题上当然不会轻易放弃，对财富孜孜不倦的追求和勤奋的工作能够使你积累到足够的成功资本。

6.取悦：良好的人际关系是你取得成功的源泉，你能够从朋友那里获得很多有用的信息，这些信息将是你获得机会、积累财富的重要契机，好好利用这些信息是你积累财富的关键。

7.自信：对自己的优势充满信心的你深信自己有能力接受新的挑战，有能力提出要求，有能力履行诺言，你的自信让你在不断的挑战中提升自己，从而在相关领域越干越好。

8.行动：行动力是现代人成功的一个关键因素，很多人往往想得很多，但没有付诸实践，好的想法就这样白白浪费。而你不同，你常常能把想法马上付诸实践，这让你往往比别人早走一步，及时抓住很多机会。

9.关联：你能深入把握事物间的普遍联系，发现别人难以发现的关系线索，这对于挖掘金融数据背后的信息具有重要作用。你能看穿被蒙蔽在外表下的本质，就能在投资领域更如鱼得水。

10.完美：追求完美的你不会放过自己在学习和工作道路上的任何瑕疵，这会让你的业务水平在短时间内超越别人，也会让你未来的事业之路更加平坦。

你是精打细算的人吗

你平时花钱是精打细算还是大手大脚？下面这个测试将对你花钱的方式进行分析。请从第1题开始作答，选择合适的答案，然后根据提示前往相应题号。

1. 和朋友说话，说到激动处，你的嗓门会不由自主变大？

A. 是→3

B. 不是→2

2. 和朋友相约，你晚到15分钟以上是常有的事情？

A. 是→4

B. 不是→5

3. 你属于念旧的人，小时候的东西还舍不得丢掉？

A. 是→6

B. 不是→7

4. 你都买用惯的品牌，很少尝试新上市的产品？

A. 是→11

B. 不是→10

5. 你假日会到郊外走走，不想闷在家中睡大头觉？

A. 是→12

B. 不是→8

6. 你比较喜欢煮菜，却不喜欢洗碗？

A. 是→9

B. 不是→8

7. 消费收到统一发票，你大都丢掉或捐出，很少兑奖？

A. 是→13

B. 不是→12

8. 你常会忘记带手机出门？

A. 是→10

B. 不是→11

9. 爱轧马路，逛街购物是你常做的休闲活动？

A. 是→15

B. 不是→14

10. 好朋友生日聚会，你会提前准备好礼物？

A. 是→13

B. 不是→B型

11. 买东西时，你通常都会向商家要求折扣或要赠品？

A. 是→15

B. 不是→C型

12. 没钱购买喜欢的名牌，你会先想办法买下享受？

A. 是→14

B. 不是→A型

13. 你期许自己能活到老学到老，保持勤于学习的心？

A. 是→C型

B. 不是→D型

14. 你喜欢红色胜过蓝色？

A. 是→D型

B. 不是→C型

15. 你相信天下只有懒女人，没有丑女人？

A. 是→B型

B. 不是→A型

分析结果

A型：你个性严谨，处理金钱当然也不迷糊。能省则省，拒绝没计划的花钱方式。

B型：你认为人生苦短，享受就要趁早，花钱对你来说就是理直气壮的人生享受。你花钱如流水，为享受绝不手软，不小心很可能变成标准月光族。

C型：你对自己和别人都不会小气。你认为人生辛辛苦苦赚钱，不应该存起来放着发霉。如果把钱投资在学习进修上会让自己能力更强，就算大手笔你也不吝惜。

D型：你日常花费就比较多，不过你够聪明又懂得运用方法，不会将自己陷入口袋空空的窘境。平常就会收集资料，平日哪里有便宜哪里就能看到你的身影，多花点时间也甘愿。

你有多强的赚钱战斗力

一个拥有高财商的人，会花钱也要会挣钱，这样生活才能保持平衡，那么你赚钱的战斗力怎样呢？通过下面的测试来看看吧！

1. 你买得最贵的一件衣服值多少钱？

A. 300元以上→6

B. 300元以下→2

2. 你跟好朋友吃饭，通常情况下谁埋单？

A. 你埋单→4

B. 对方埋单→3

C. 各付各→5

3. 你平时一个月乘坐几次出租车？

A. 两次以上→5

B. 两次以下→9

4. 你有定期储蓄的习惯吗？

A. 有→6

B. 没有→7

5. 你目前有没有兼职打工的经历？

A. 有→8

B. 没有→9

6. 你比较喜欢春节收红包还是生日收礼物？

A. 收红包→10

B. 收礼物→11

7. 你想象过自己买彩票中了100万要怎样花吗？

A. 有→11

B. 没有→14

8. 你非常羡慕别人的孩子？

A. 是的→12

B. 不一定→13

9. 你希望今年春节收到多少压岁钱？

A. 500以上→13

B. 500以下→16

10. 你房间里有储蓄罐吗？

A. 有→20

B. 没有→17

11. 如果买彩票中了50万，你首先会做什么？

A. 存起来→10

B. 好好血拼一番→14

12. 你拜过财神吗？

A. 有→14

B. 没有→15

13. 你认为恋爱中的男女谁花的钱比较多？

A. 男方→15

B. 女方→16

C. 双方都差不多吧！→20

14. 你会买正版CD或DVD影片吗？

A. 会→21

B. 不会→18

15. 你一周在外面吃几次饭？

A. 三次以上→18

B. 三次以下→19

16. 你每个月的零花钱都用得精光吗？

A. 是的→19

B. 不是→H型

17. 你平时会收集废报纸和饮料瓶去卖吗？

A. 会→C型

B. 不会→20

18. 你平常吃饭吃到最后时，碗里有剩饭剩菜吗？

A. 有→21

B. 没有→22

19. 你平时关注物价吗？

A. 关注→22

B. 不关注→H型

20. 过时的旧衣服就算不穿了你也不会送人？

A. 是的→A型

B. 不一定→B型

21. 你买东西时看重包装吗？

A. 看重→D型

B. 不看重→E型

22. 你平时会找朋友借钱吗？

A. 会→F型

B. 不会→G型

分析结果

A型：赚钱战斗力80分

你是天生的享乐主义，对钱有着浓厚的兴趣，但也容易挥霍无度，赚多少花多少，甚至花的比赚的多。朋友是你一生财源的开启者，朋友多，赚钱机会就多。建议你首先从节俭做起，仔细记录每笔开销，同时广交朋友，由人脉带动财源。

B型：赚钱战斗力60分

你的赚钱战斗力一般，想法多多行动却不够。要想有钱的话，必须从小事做起，将脑子里的赚钱点子转化为行动，哪怕收获不大，最终也证明你确实具有赚钱战斗力，甚至还能成为下次行动的参考。

C型：赚钱战斗力50分

可能你对金钱的兴趣不大，金钱在你心目中并不是评判事物的唯一标准，从小你就比较勤俭节约，若有闲钱一定会攒起来，勤俭节约并不能致富，对于你来说，应该更努力开拓视野、开拓财路。

D型：赚钱战斗力30分

依赖性颇强的你从来都不会积极找门路赚钱，只会伸手向家长要。如果你能多多锻炼自己的赚钱能力，相信钱包会比现在鼓。

E型：赚钱战斗力70分

该花出去的钱必然不会省，有好多的投资机会绝对不会放过，这样的你虽不会大富大贵，但也过得很滋润。但你这类人太安于现状，所以这一生绝不会发大财，建议你不妨拓宽思路，多开辟生财之道，收获必定更大。

F型：赚钱战斗力100分

天生的商人头脑使你敢于冒险，偶尔问朋友借钱周转也是常有的事，你身上既有冒险家的特质又有实干家的魄力，平时格外留意收集情报，最终你会成为大富豪哦。建议你加强社会实践，从兼职工作中累积更多的赚钱经。

G型：赚钱战斗力90分

肯吃苦的你最适合白手打天下，就算银根吃紧，你也不会向人伸手借贷，你知道应该靠自己的能力去解决问题，因此，家人或贴心死党是你最铁的后盾，今后你必须不断磨炼自己的毅力，增强随机应变的能力。

H型：赚钱战斗力40分

你平时爱贪小便宜，天生属于投机取巧的类型，这样的你不愿多费气力去赚取自己生活所需，总是陶醉在抽中大奖的白日梦中，你必须消除惰性，务实一些，发愤学习、好好工作、多付出，这样才能富足一生。

你对自己的理财有没有信心

你是否经常怀疑自己的理财决定是不是过于冒险或保守？你是否总在寻求别人对你决定的肯定？通过下面的测试，你可以了解自己对理财到底信心几何。

1.你花很多时间做白日梦？

A.是→2

B.否→3

2.如果可能的话，你会改变自己很多？

A.是→5

B.否→4

3.你觉得自己的理财知识足够应付市场的变化？

A.是→4

B.否→6

4.即使周围的人反对，你仍然会坚持自己的投资计划？

A.是→5

B.否→7

5.你常希望自己是其他的什么人？

A.是→6

B.否→8

6.你很容易因为别人的话而改变主意？

A.是→9

B.否→7

7. 你愿意认真听取别人的意见作为参考？

A. 是→8

B. 否→10

8. 你对自己很有把握？

A. 是→11

B. 否→9

9. 你经常失败？

A. 是→10

B. 否→11

10. 你常常觉得自己肩上的责任重大？

A. 是→12

B. 否→13

11. 你做了决定之后就能把它坚持下来？

A. 是→14

B. 否→13

12. 你从不害羞？

A. 是→14

B. 否→15

13. 你喜欢跟别人谈论自己的发财故事和成功经验？

A. 是→B型

B. 否→14

14. 你常常不满意自己做的事情？

A. 是→A型

B. 否→16

15. 你觉得家人并不看好自己的理财能力？

A. 是→F型

B. 否→17

16. 你喜欢展望未来，因为你十分乐观？

A. 是→C型

B. 否→18

17. 你经常被人说成守财奴？

A. 是→D型

B. 否→19

18. 你喜欢在别人看不到的地方下功夫？

A. 是→E型

B. 否→20

19. 你做决定不像大多数人那样慎重？

A. 是→F型

B. 否→20

20. 总体来说，你对自己的理财经历是满意的？

A. 是→B型

B. 否→D型

分析结果

A型：理财自信指数20%

你过分追求物质，难免变得贪得无厌，甚至连借钱消费也在所不惜。在理财中，你也经常没有规划，凭一时高兴做决定，难免出问题，所以，你对自己的理财决策不太有信心。在消费过程中，你需要克制，多学习理财知识，谨慎做决策，如此才能有财运。

B型：理财自信指数80%

你个性倔强，但不失为一个可信赖的人。你懂得理财，赚钱能力也很强，不喜欢按部就班地存钱，而是想抓住赚大钱的机会，所以你总是对自己的判断和决策有很强的自信，认为自己能够发现别人看不到的机会。但是要注意，有些时候还是要多听取各方意见作为参考。

C型：理财自信指数99%

你对自己的判断往往过于自信和乐观，总是看到事情最好的结果，没有做好承受最坏后果的心理准备，也没有准备退路，因此，容易遭受到一些损失。所以，你或许更需要学会对局势进行全面的分析和考量，多听取各方面意见，凡事做好承担失败的准备。

D型：理财自信指数40%

你是个不耀眼而且个性坚定稳重的人。由于性情稳定，知道钱财的宝贵，因此绝不轻易奢侈浪费。不过，一味地节省往往比那些重视钱财的人更易失去意外赚钱的机会。慢慢你会发现，也许过于保守未必是件好事，会让你失去很多机会。因此，开拓理财视野对你来说势在必行。

E型：理财自信指数60%

你很有经济头脑，因此很会存钱。你对于金钱的运用很有条理，也极理智。你具有很好的心理素质，能够在保守和冒进之间找到平衡，使利益最大并且让生活不受影响。

F型：理财自信指数1%

你是个毫无经济观念的浪漫主义者。没有明确的金钱储蓄观念，只有在需要用钱时，才偶尔感觉到钱的重要，或多或少储蓄一点钱。你从来都不认为自己具有理财的能力，也不觉得理财是一项必要的工作，即使偶尔看到别人从理财中获益，你也懒得去动这方面的脑子。收起你的惰性和随意，开始学习跟钱打交道吧，你很快会发现其中的乐趣和成就感。

你如何处理借债问题

有一个跟你比较要好的朋友向你借了一笔钱，但是到了该还钱的时候他还没有还。正当你想向他要钱时，他又要求向你借钱，并承诺过后连以前的债一起还清，你会怎么办？

A. 不借给他，并表示自己很生气

B. 毕竟是朋友，先借给他吧

C. 要求对方打借条，限期还钱

分析结果

选A：你是一个很容易因钱而与人为敌的人。钱对你而言比友情更来得实际和重要，从这种金钱观和交友观来看，你最好不要和朋友有金钱方面的往来。

选B：在你的眼里，朋友的友情比金钱重要，所以当朋友有困难时，你会第一个冲上前去，这样的交友观固然好，但很容易被人利用，让自己损失更多的钱。所以要注意！

选C：在朋友和金钱这两方面，你分得很清楚，你很少与朋友有金钱上的交易，即使与朋友有金钱往来，你也习惯把丑话说到前头，以免因为金钱而伤了朋友间的友谊。

你会有多少偏财运

你抽到大奖，奖品是一大箱黄金，所以你现在要订一个箱子把它装起来，那么你觉得用哪个箱子来装你的黄金会比较好？

A. 全部是橘色的箱子

B. 全部是黄色的箱子

C. 紫罗兰色搭蓝色的箱子

D. 淡粉红色搭淡蓝色的箱子

分析结果

选A：意外之财指数40分

你的偏财大多来自家庭或亲友小小的回馈和补贴，数量虽然不是很大，但是带有一种温暖的感觉。

选B：意外之财指数60分

你的偏财大部分来自过劳工作，做得比人家多，所以就多赚一点点。

选C：意外之财指数100分

你的意外收入来自无处不在的好运，生活中的各个方面你都会有财运，有的时候是机会，有的时候是明显的财运，但是很快就会转换成钱，到你的口袋里。

选D：意外之财指数80分

你在金钱投资上容易有好运，各方面的投资都会有钱来。

查查你乱花钱的原因

有些人常常囊中羞涩了才后悔花了很多钱，那么你是一个乱花钱的人吗？

当你遭遇巨大压力时，最常用的发泄方法是什么？

A. 买好多好的东西

B. 大哭大叫

C. 吃好多东西

D. 找朋友倾诉

分析结果

选A：你很爱漂亮，所以你常常会为了美而不择手段。不仅花去平时的储蓄，就算将辛苦赚来的一点点外快花得精光也在所不惜，你是一个标准的月光族。

选B：平时你还算是一个节俭的人。你乱花钱的原因，有时候是为了自己的面子，比如你和朋友出去吃饭，埋单的肯定是你。

选C：你是一个重感情的人，所以你乱花钱的原因是给你爱的人买东西。

选D：你乱花钱是因为你心太软和过于热情。对待周围的朋友、同事都是非常慷慨。当他们经济上遇到困难向你借钱时，你经常伸出援手，到头来常常为此花不少钱。

管好时间，就是挣钱

“一寸光阴一寸金”告诉人们要珍惜时间，但在珍惜时间的同时，更要懂得管理时间。

启动游戏：

时间是解决问题的限制因素，因此要了解时间管理的重要性，并学会有效地管理时间。在日常的学习和生活中要分清轻重缓急，就要学会对时间进行有效管理。

1. 假设你手里有一张支票，支票上的数目是56600元，然后你只有24小时的时间，必须在这24小时之内花掉这笔钱。

2. 也许你会列一个清单，把这些钱花完。但深思一下：每天的时间都是固定的，只有那么多秒，正如每张支票上的金额都是同样的56600，为什么我们在考虑如何支配自己的金钱时表现得很积极，而对于计划如何支配自己的时间却缺乏兴趣呢？

游戏建议：

做这个游戏的时候，为了让每个参与者更加明白游戏的意义，要注意以下两点：

1. 要明确游戏的意义。

2. 要求你在玩游戏的时候要认真对待。

分析结果

管理好时间会给我们的学习和生活带来很大的便利。商人也会在时间的管理中获取更丰厚的利润。

在生意往来中，犹太商人总在思考如何安排和驾驭时间，如何在有限的时间里创造最丰厚的利润。每个人的时间都是均等的，有人在有限的时间里创造了无限的生命价值，有人却失去了人生价值。在神与犹太人的契约中曾说：“人若不去享受神赋予的快乐，是一种罪恶；但如果过分享乐，同样也是一种罪恶。真正懂得珍惜时间的人，就知道珍惜生命、善待人生、享受生活。”

犹太商人一向将时间看成商品，“勿浪费时间”是犹太生意经中的格言之一。在每天8小时的工作中，他们是以每分钟多少钱来计算收益的，浪费时间就等于浪费他们的商品，也等于是浪费他们的资源和金钱。因而，犹太老板在支付员工薪水时，是依小时计算的。拜访犹太商人之前，一定要预约，而他们十分守时，绝不会拖延时间。在犹太商人的意识中，要是有人浪费自己的时间，那绝对是在谋害自己的生命，偷走自己的财富。这并不是危言耸听。

巴尔扎克说：“从个人角度看，一个人拥有的最大的财富就是自己的时间。”对一个想致富的人来说，没有时间，计划再好，目标再高，能力再强，也是空的。

第六章

提高财商，就要玩转理财工具

测测你的投资潜能

如果你出国旅行，你认为下列哪些东西有升值的潜力，将会买什么东西回国？

A. 古董相机

B. 手工织毯

C. 古银首饰

D. 书画艺品

分析结果

选A：你对于钱财的运用没有什么观念。购买每一件物品你都会觉得很值。未来你可以试着去投资，因为你品位很不错。

选B：你耳根子软。你是感性消费，支出的数目有高有低，最好先编列预算，控制自己的花费，才可能挽救财政赤字。

选C：你对于每一分钱都很重视，未来在投资方面趋于保守，没办法有效率管理钱财。

选D：你有一点不切实际，做什么都只为了完成梦想，缺少对现实的考虑。未来对于投资，你也觉得十分头痛，最好能够找个有经验的人帮你投资。

你适合在哪里投资

哪个城市或地区才是你将来投资的理想居所？还是来给自

己和城市的亲缘关系做一个评分测试吧。

1.你最喜欢：

A.太阳

B.月亮

C.星辰

2.你是个习惯三更半夜不睡觉的“夜猫子”？

A.肯定不是

B.偶尔为之

C.经常如此

3.你的拖鞋是：

A.有花纹图案，比较讲究

B.随处可见的塑料拖鞋

C.我习惯光脚踩在地毯或木地板上

4.以下几个词，迅速地看一遍，然后翻过报纸随便默写一个：沙滩、橙色、小巷、树叶、玻璃、秋千、钢铁、白云，看你默写下来的词语包括在哪个选项中？

A.沙滩，白云，水

B.橙色，树叶，钢铁

C.小巷，秋千，玻璃

5.手拿遥控器随便换台，你看到哪一类的电视剧镜头会停下？

A.动画片、喜剧片，看上去美满又皆大欢喜的场面

B.刑侦破案之类，悬疑恐怖紧张的镜头

C.神奇诡异的镜头，一般是幻想片

6.你最希望的出境旅游目的地是：

A. 海滨度假胜地

B. 欧洲城市

C. 美洲、非洲古文明遗迹

7. 你希望自己的家挨着：

A. 繁华的商业区

B. 空气清新的公园

C. 一堆便利超市

8. 你更喜欢哪种零食？

A. 瓜子，或者同类能磨牙的食品

B. 酸甜的，软软的，比如果冻一类

C. 从不喜欢吃零食，或许可以接受鸡翅、羊肉串之类的食物

9. 你觉得在哪里最能得到休闲？

A. 逛博物馆、美术馆，或者到公园湖边看书

B. 逛游乐园、商业街，总之是热闹繁华好玩的地方

C. 躺在自家的床上，或者坐在窗前的沙发上晒太阳

10. 看电视的时候，你最经常的坐姿是：

A. 端坐在椅子上

B. 斜倚在沙发上，两腿盘上来

C. 半躺在垫子上，用枕头垫着头

11. 你有没有最喜欢的国内的城市？

A. 有我情有独钟的城市

B. 一般喜欢，谈不上热爱

C. 没有，至少在中国没有

12. 去一个陌生的地方，你不知道自己要去的宾馆在哪里，你会怎样问路？

A. 直接找一份地图和指南针

B. 问警察，或者找好几个人打听，以确定信息的真伪

C. 随便在路边找人问了就走

计分标准：

A：3分，B：2分，C：1分

分析结果

12～18分：适宜城市：成都，北京，天津

19～24分：适宜城市：青岛，杭州，桂林

25～31分：适宜城市：广州，厦门，大连

32～36分：适宜城市：上海，珠海，重庆

你的投资眼光有多高

一天，你到朋友家中做客，朋友兴高采烈地拿出他最近购买的名贵花瓶给你欣赏，你仔细观察后发现花瓶怪怪的，你觉得花瓶究竟有什么问题？

A. 花瓶瓶口缺一小块

B. 花瓶瓶身有道不是十分明显的裂纹

C. 花瓶上有一小块色漆掉了

D. 这个花瓶是赝品

分析结果

选A：投资眼光准确指数20%

你未来总是胡乱投资。只有在不断失败的过程中积累了经验，吸取教训预防被骗，你未来的投资才会更准确。

选B：投资眼光准确指数95%

你未来对投资形势总是能及时做出精准的分析，因此你的投资总是保持在稳赚的状态。在投资过程中，你总是会去观察分析了解这个投资适不适合你。

选C：投资眼光准确指数75%

你未来财运极好，只要你投资，就一定会赚钱。

选D：投资眼光准确指数50%

未来道听途说的小道消息经常会影响你对自己投资的判断，这些消息可能会使你赔钱。

你会把心理弹性带入投资吗

心理学认为，一个人要事业成功必须具备高智商、高情商和高逆境商数三个因素，在智商和情商相差不大的情况下，逆境商数决定人在社会交往中的弹性，进而对成功起关键性作用。逆境商数的作用更体现在投资过程中，一定程度上，逆境商数就决定着投资回报率。下面通过一组测试题来了解你自己的逆境商数吧。下面共有12道题，其中第1～6题，选A得3分，选B得1分，选C得0分；第7～12题，选A得1分，选B得0分，选C得3分。

1. 你急着赴约，中途却为拥挤的交通所阻，你会：

A. 变得急躁不堪，同时想象等候者恼火的样子

B.设想等候者会体谅你是不得已而迟到

C.很着急，但想也无益，干脆不去想了

2.一件很重要的东西不见了，这时你会：

A.疯狂搜索，翻天覆地

B.急忙把那些可能的地方找一遍

C.不动声色地对最近一段时间的行为做一番仔细回顾

3.你向来用钢笔写字，现在要你换圆珠笔书写，你会：

A.感到别扭

B.有时有点不顺手

C.感觉上与用钢笔没什么差别

4.你在一个会议上的演说的姿态、表情、条理性及准确性与你在教室里讲话相比：

A.显然要逊色多了

B.说不准，看具体的情况而定

C.基本上没什么差别

5.改变环境之后，尽管你做了努力，但效率总不如那些和你同时改变环境的人高？

A.对

B.说不上

C.不是这样的

6.你手头的任务已临近最后的截止日期了，你会：

A.开始错误百出

B.心中暗急，但仍勉力维持正常状况

C.变得更有效率了

7.在与人激烈争吵了一番以后，你会：

A. 转回到学习上，但有时难免出神

B. 唠叨个不停，学习量递减

C. 不受影响，继续专心学习

8. 你旅游到外地，住进招待所、旅馆，睡在陌生的床铺上，你会：

A. 有时会失眠

B. 失眠得很厉害，连调整一种睡眠姿势、换一个枕头也会引起新的失眠

C. 感觉和在家没什么差别

9. 参加一个全是陌生人的聚会，你会：

A. 有时感到不自在，有时又能从这种状态中摆脱出来，与人相叙甚欢

B. 先喝点东西让自己放松一下

C. 立即加入最活跃的一群，热烈谈话

10. 有人劈头盖脸给了你一顿指责攻击，你会：

A. 在当时就还了几句，但不能击中要害

B. 一下蒙了，过后才去想当时该如何进行反击

C. 头脑清醒，冷静而适度地予以回击

11. 你事先给一位朋友打电话预约登门拜访，他答应届时恭候。可当你如约前往，他却有急事出去了。这时，你会：

A. 有些不满，但既来之则安之

B. 嘀咕不已

C. 充分利用这一空档，为自己下一步要做的事计划一番

12. 只有在安静的环境中，你才能读书？

A. 看热闹的程度而定

B. 是的

C. 坐在集市货摊之间也照读不误

分析结果

25~36分：你常能将生活中的各种压力化于无形。你过得心情愉快，这种精神品质有利于你的心理平衡与健康，你是个生命力强的人。

13~24分：事物的变化及刺激不会使你失魂落魄，一般情形你都能做出相应的适度反应，可是如果事件比较重大、比较突兀，那么你的适应期就要拖长。最好预先准备，锻炼自己的快速适应能力。

12分以下：你对世界的变化、生活的摩擦很不习惯。要在心理上具备顺应时变的快速反应能力，不要将自己拘禁在惯有的固定模式中。

你有怎样的储蓄观念

你有储蓄的习惯吗？你对储蓄有怎样的理解？来测试一下你的储蓄观念吧。下面共有10道题，请从备选答案中选出合适的答案，其中选A记3分，选B记1分，选C得2分，完成所有题目后再累计分数得出最后得分。

1. 你是什么时候知道储蓄概念的？

A. 小时候

B. 现在

C. 从来不知道

2. 你觉得储蓄的作用主要在于：

A. 积攒钱财

B. 迅速致富

C. 用处不大

3. 你了解多少种储蓄的方式？

A. 几乎都了解

B. 了解3种以内

C. 了解3～6种

4. 你储蓄时是否考虑通货膨胀因素？

A. 是的

B. 从来没有

C. 很少考虑

5. 你是否进行过外币储蓄？

A. 是的

B. 没有

C. 偶尔

6. 储蓄时你是否进行组合储蓄？

A. 是的

B. 从来没有

C. 很少

7. 你是否有为上大学而储蓄的行为？

A. 是的

B. 从来没有

C. 偶尔有过

8. 你是否有过打工的经历？

A. 是的

B. 从来没有

C. 很少

9. 打工时你如何利用所得收入？

A. 积攒起来

B. 很快花光

C. 花掉一部分

10. 你觉得打工是：

A. 有利于解决财务问题

B. 浪费时间

C. 对理财教育作用不大

分析结果

25~30分：你有较强的储蓄观念，而且对储蓄有较多的了解，能够主动进行储蓄。在储蓄时你可以熟练地应用最合理的储蓄方式来进行理财实践。你懂得积少成多的道理，能够积极地去攒钱。

16~24分：你有一些储蓄观念，但是对储蓄了解不多，偶尔才去储蓄。较有用的做法是增加储蓄的次数，增强储蓄的欲望，这样会自然地学到不少东西。

10~15分：你缺乏储蓄观念，也很少把钱存进银行。一旦发生意想不到的财务危机，便会束手无策，并觉得后悔。及时学习储蓄知识还来得及，你应在这方面充充电了。

“十二存单法”

小郭和她的爱人今年都刚过30岁，以前，觉得挣的钱少，不值得理财。后来两家老人经常生病住院，小郭夫妻俩为了老人花了不少钱。但是，在这种情况下，夫妻俩还是买了房子，这多亏小郭充分利用了“十二存单法”。

小郭认为，除了必要的开支，剩余的钱对于工薪家庭来说放在银行里最有保障。她将这部分钱分作两部分，25%存为活期以备不时之需，75%存成定期，而且是存一年的定期。

对于这样存钱，小郭有自己的想法。第一，一年期的定期与零存整取相比起来利息要高一些。第二，一旦急需用钱，动用零存整取就意味着前功尽弃，而每张的定期存单你都可以根据你需要用钱的数目及存单到期的先后顺序去考虑动用几张及动用哪几张，这样就不会使其他的定期存款受影响。第三，到期时，零存整取意味着一大笔钱到期，这时会很容易让人产生购物的冲动，定期一年的存单，因为每笔的数额都不大，这种冲动就小多了。第四，零存整取是一次性到期，除了那个月有点惊喜，其他时间应该就没有什么感觉了吧。定期的存单可不一样了，到了第二年每个月都有存单到期，每个月都有惊喜。

然后，从第二年起，小郭就每个月再把当月的75%和当月到期的存单一起再存成一年的定期。

除了固定的工资收入，过年过节的分红、奖金一类数额较大的收入，更要计划好如何存储。小郭的做法是不要存成一张定期存单，而是分成若干张，例如：1万元存一年，不如分成4000、3000、2000、1000元各一张。为什么？当然也是为了应付不时之需了，需要1000元时，就不要动其他的，需用5000元时就动用4000加1000（或3000加2000元），总之动用的存单越少越好。

在日常生活中你采取什么样的储蓄方式？小郭理财成功的秘方是什么？你认为上述案例的方法可行吗？

分析结果

小郭理财成功主要是因为合理地规划了家庭开支，其次，她的存款方式合理。其实，小郭的存款方式就是“十二存单法”，它在实际生活中会收到意想不到的效果。这种储蓄方式很适合年轻家庭，操作起来简单、灵活，既能有效地累积家庭资产，又可以应对家庭财务中可能出现的资金短缺问题。

大部分老百姓习惯将每月的节余积攒到较大数额再存定期，其实闲钱放在活期账户里利率很低，积攒过程中无形损失了一笔收入，不妨利用“十二存单法”，让每一笔闲钱都生息。操作上，可将每月节余存一年定期，这样一年下来，就会有12笔一年期的定期存款。从第二年起，每个月都会有一张存单到期，既可应付急用，又不会损失存款利息。另外还可以续存，同时将第二年每月要存的钱添加到当月到期的存单中，继续滚动存款。这样，如果每月节余1000元，一年攒下12000元，活期收益仅86.4元，按“十二存单法”操作，按一年期利率3.6%，可得利息432元。

例如，如果你每月的固定收入为2500元，可考虑每月拿出1000元用于储蓄，选择一年期限，通过这样的储蓄方式，在一年当中，你将会持有12笔不同到期时间的定期存款。在第一张存单到期时，取出到期本金与利息，和第二期所存的1000元相加，再存成一年期定期；以此类推，你手中会有12张存单。一旦急需，可支取到期或近期的存单，减少利息损失，充分发挥储蓄的灵活性。

拍卖的技巧

现有一张售价1万元的彩票，是两个人各出5000元买下来的。这两人决定互相拍卖这张彩票。两人各把自己的出价写在纸条上，然后给对方看。出价高的得到这张彩票，但要按对方的出价付给对方钱。如两人的出价相同，则两人平分这张彩票权。究竟什么样的出价最有利？

分析结果

出价5001元最有利。如你出价5002元，对方出价5001元，你不得不付给他5001元，这样一来你买这张1万元的彩票就花了10001元，即多花了1元钱，也就是说出价超过5001元不利。反过来出价少于5000元也不利。你如果出价4999元，在对方出价高于你的情况下，你就亏了1元。

任何事都有得失两面，出价高或低都可能损失自己的利益，要反复思考，包括对方的出价对自己的影响。

养只金“基”下“金”蛋

陈先生是个有名的车迷，很早以前就有买车的想法。从动了念头的那天开始，他便学开车、拿驾照，逛车市、看车展，总之，只要是和车有关的，他都会关注。

原本，这是件家人都大力支持的事情，可是家里经费紧张，就一而再再而三地往后推，总也买不成。这买车的事就成了陈先生心上的一块病。

后来，事情才有了转机，那年股市开始走牛，他有很多朋友都靠基金赚了钱。他想：买车为什么不试试投资基金？于是他立刻行动起来。

他发现当时某股的行情非常看好，立刻就投入了2万，果然，不长时间，他的钱就到了5万元，见到收获颇丰，他立即又买了几只当时比较好的基金，不到3年，就基本凑足了买车的钱。随后，陈先生就拿着钱，兴高采烈地跑到车展会上选购了一台心仪已久的车，他逢人便说：“这回咱也是有车族啦！”

投资基金使陈先生成为有车族，实现了他的财富梦想。你在资产略有结余时，会不会考虑投资基金呢？

分析结果

在物价持续涨而不落的大背景下，越来越多的人开始关注投资基金，把自己积攒多年的银行存款拿出来交给基金专家打理。这种投资方式比股票投资稳定得多。

在所有的投资项目中，利润与风险都是成正比的：炒股获利最多，但风险最大；储蓄风险最小，但获利最少。如果把股票与储蓄的优势集中在一起，采取“取长补短”的形式，就形成基金的优势了。

你适合做股票吗

在股票市场中有人总是赔钱或者赚少赔多，而有的人总是赚多赔少，除了技术因素与资金实力，人的综合素质也是重要的因素之一。你真的适合做股票吗？不妨做做下面的测试。充分了解自己，才是走向成功的开始。请为下面每道题选择合适的答案，选A记3分，选B记1分，选C记0分，完成所有题目后再累计最终得分。

1. 如果做饭遇到煤气瓶着火，你将：

A. 赶紧灭火

B. 拨打“119”

C. 不知所措

2. 如果骑车遇到红灯，但绿灯方向没车，又无警察，你将：

A. 闯过去

B. 等一等，再闯过去

C. 绿灯亮后再过

3. 如果与朋友约好8：00见面，那么你会：

A. 8：00之前几分钟到

B. 8：00准时到

C. 8：00之后几分钟到

4. 如果去农贸市场买菜，摊主算好价钱，你会：

A. 会让摊主再算一遍

B. 不会再算一遍

5. 如果几个好友一起去商场买东西，你看到一件商品但又拿不定主意，而几个好友都说那件商品很好，你会：

A. 不买

B. 自己想一想再决定

C. 买

6. 你以40公里/小时的速度走了一段路，然后以60公里/小时返回，平均速度是：

A. 48公里/小时

B. 50公里/小时

C. 大于50公里/小时

7. 你的邻居说会变魔术，你信吗？

A. 让他变一下

B. 不相信

C. 相信

8. 如果大夫让你暂时饮食清淡，但正遇上亲朋好友聚会，你会：

A. 只吃素食

B. 吃一点肉食

C. 放开吃

9. 你的自行车与别人的撞在了一起，你会：

A. 和气解决

B. 去交通队解决

C. 与他理论

10. 你刚买的电脑坏了，只能带着电脑去很远的维修点修理，你会：

A. 立即去修

B. 等一段时间再去

C. 等到电脑代理商半年后派人来修

11. 你觉得炒股赚钱靠什么？

A. 技术与基本面

B. 消息

C. 运气

12. 你能凭记忆说出的股票名称有：

A. 20个以上

B. 10个以上20个以下

C. 10个以下

13. 对于上市公司的公告你会：

A. 仔细看

B. 泛泛地看

C. 不看

14. 你大多数是在什么情况下决定买进股票？

A. 自己分析并参考别人意见

B. 有消息

C. 听别人说某只股票好

15. 当你的股票已下跌5%，你通常会：

A. 若觉得自己看错了，斩仓

B. 准备补仓

C. 等待获利

16. 若有只股票在高位运行，且有10送10题材，并且有庄，你会：

A. 不买

B. 买一部分

C. 全部买进

分析结果

32~48分：有果断的判断能力和分析能力，有主见，有计算能力，适合炒股，具有成为高手的潜力。

16~31分：证明有一定的分析能力，但某些地方有欠缺，改进后可成为合格的投资者。

0~15分：不适合做股票，如果介入证券市场需要进一步提高自己的知识水平与才智。

股票买卖，讲究时机

股票是掌控金钱的理财工具。常在股市中行走的人，都明白股市的风险、收益与时间有很大的关系。不管是股票的买入还是卖出，都需要考虑最恰当的时间。

启动游戏：

用至少26张标准的扑克牌、1个计时器、尺子，在15分钟内建一个纸牌房子。这个游戏可以帮助你改掉拖延的坏习惯，积极应对工作和生活中的压力。

游戏建议：

做这个游戏的时候，要在最短的时间内建造最高的房子，这就需要有变通的能力。在有限的纸牌数量和规定的时间内，发挥参与者的创造力，在借助外力的情况下搭建出最高的纸牌房子。

做完游戏后建议大家对下列问题展开讨论：

1. 这个游戏的结果怎样应用到你的工作中去？

2. 你用什么方法来建你的纸牌房子？你是怎样管理时间的？

3. 为什么管理好时间对于实现目标很重要？

分析结果

在这个游戏中，要改掉参与者拖延的习惯，就要对时间进行有效的管理。对于创造财富者来说，时间管理就是要很好地把握住股票买卖的时机，只有这样才能在股票中获利。

下面是股票买入的12个最佳时期。

1.股价上升且成交量稳步放大时是买入时机。

2.低位突然放巨量时是买入时机。

3.低位放巨量时是买入时机。

4.缩量整理时是买入时机。

5.巨量打开跌停板时是买入时机。

6.股价上升初期，出现巨量阴线而股价没有深幅回调，当股价再上扬时是买入时机。

7.行情启动之初，股价大涨而成交量严重萎缩时是买入时机。

8.股价放量冲过前期高点时是买入时机。

9. 股价回升时的成交量大于前一头部的成交量时是买入时机。

10.股价呈波浪形上升中，后浪成交量超过前浪成交量时是买入时机。

11. 5日和10日均线量已萎缩横移了若干天，当某一天（或连续两三天）的成交量放大并突破这两条成交量均线时是买入时机。

12.股价在低位区域，当5日均量线拉阳上穿10日均线形成交叉时是买入时机。

买保险就是买保障

说起保险，经常会有人说："好好的，买什么保险！即使生病了，我不每月都有工资吗？几年下来存的钱也够应付'飞来横祸'了，所以我根本用不着买保险！"

如果你工作了5年，努力攒下了50万元，但是你能保证这50万元能够支付你或者家人的突发疾病？你能保证这50万元能够让你应对事业上的进退维谷……退一万步来讲，即使利用这50万元能够应对一切难料之事，然而，当这50万元花完之后，你还拿什么来养活自己和家人，保证生活品质的一如既往？

分析结果

实际上，世界上只有一种人可以不用买保险，就是一生之中永远有体力、有精力赚钱，同时不生病、不失业的人。当然，还得家里人都不生病，房子不会遭水、遭贼，不开车，或是车不会被剐蹭、被盗抢，等等。

如果我们把理财的过程看成建造财富金字塔的过程，那么买保险就是为金字塔筑底的关键一步。很多人在提起理财的时候往往想到的是投资、炒股，其实这些都是金字塔顶端的部分，如果你没有合理的保险做后盾，那么一旦自身出了问题，比如失业、生病，我们的财富金字塔就会轰然倒塌。没有保险，一人得病，全家致贫。如果能够未雨绸缪，一年花上千八百块钱，真到有意外的时候可能就有一份十几万、几十万的保单来解困，何乐而不为呢？

借助黄金圆你的财富梦

欧先生是从2007年年底开始炒“纸黄金”的。2008年年初，他追高入市，结果被深套。但他遇到了一个好时机，2008年4、5月开始，黄金行情走出了一波大行情，2008年累积涨幅已经达到了40%左右。得益于金价的大涨，欧先生不仅解了套，而且小有赢利。

2009年，欧先生打算转战兴业银行推出的实物黄金业务。“即使不想炒了，也可以提取实物，不会贬值啊。”欧先生乐观地表示。

实践中，很多投资者比较青睐于投资黄金，但面对众多的黄金项目，又心存疑惑。那么关于黄金投资的信息你了解吗？

分析结果

在投资市场上，黄金的地位也非常高，投资者们仍十分喜欢购买黄金。因为黄金不仅由于其本身的稀缺性而有较高的商业价值，而且有着重大的美学价值。正因如此，黄金投资有它独特的优点。

其实，黄金藏品虽然样式繁多，但是归根结底只有五大类，即金块、金条、金币、金饰品和纸黄金。其中，纸黄金实际上是由银行办理的一种账面上的虚拟黄金。接下来，就让我们按照顺序介绍一下黄金投资中的各个成员。

1.金条、金块

金条、金块是最传统的黄金投资品种。一般来说，它们具有附加支出不高的优点，所以投资者基本上可以用接近原料金的价格买进条块金。而通过先进的工艺制造出来的金条、金块图案精致，适合收藏和馈赠，且变现性好，购买方便，是投资实物黄金的好选择。

适合的投资者：有闲散资金并想做长期投资者，且不在乎黄金价格短期波动。

2.金币

金币投资其主要价值在于满足集币爱好者的收藏，其投资功能并不大。它主要分为两种，纯金币和纪念性金币。

适合的投资者：偏爱钱币状黄金，并对金银纪念币行情以及金银纪念币知识有较多了解的投资者。

3.金饰品

进行金饰品投资的大多是爱好珠宝、追赶潮流的年轻人。他们一般不看重黄金的保值和增值功能，更在意黄金的图案、美观等。而且金饰品抗风险的能力相对来说较差，并不是很好的投资行为。因为黄金首饰在买入和卖出时的价差较大，而且许多黄金首饰的价格与价值存在着很大差异。

适合的投资者：爱好珠宝首饰的女性投资者。

关注外汇利率，避免理财风险

莫小姐在一家银行里看到一款外汇理财产品，她本不想买，可是一方面觉得心里有着试试新的理财方式的冲动，一方面发现当时的外币利息很低，而这家银行的理财产品利率达2%。她认为尝试一下未尝不可。

但是她忽略了观察外汇信息，没想到外汇有年限的问题，而这段时间里，可能就有所波动。当时，她还认为这样的决定很明智，毫不犹豫地购买了几千元这种产品。

过了一段时间，她有一笔外汇储蓄到期了，这回她选择了一款收益要大于三年期的，而期限只有一年的理财产品。后来，随着美元利率的不断攀升，外汇理财产品的收益逐渐攀高。在时下，一年期美元利率也快超过她的三年期外汇理财产品时，她醒悟自己是多么没有远见！

从此，她总结出一点经验，那就是在投资外币时，一定要关注外汇利率的变动，要有超前意识，最好不选择过长期限的理财产品。

如果是你，你会像莫小姐那么明智吗？

分析结果

各国学者普遍认同对外贸易的好处。他们说——国际金融与外贸就像一枚硬币的两面，不可分割，相互依存，是一个国家、一个地区或一个民族致富的重要途径。而今天，当大家都在谈论这一金融工具时，我们还是不得不提到风险。

外汇市场具有公开、透明、不为人所控制等优点，但外汇市场同样存在风险，一定要随时警惕。

依靠外汇以钱赚钱

对于外汇，许多人都觉得比较陌生，认为那是要出国的人才需要了解的东西。其实，这完全是一种误解。外汇作为一种投资工具，正在改变我们的生活。近年来，随着经济的进一步发展，投资外汇成了广大投资者创富的有效途径。

李老先生退休后拿出了家里的2万美元，投资到外汇市场，每天骑车跑银行，成了“专业”汇民。问他投资的情况，他说：“有赚有赔，总体算下来赢利，比银行存款强多了。”

外汇的外围环境比较公正、透明，而且交易量很大，颇受大家的信赖。毕竟，若投资股市，一只股票的背后只是一个公司，而投资外汇，一种货币的背后却是一个国家，况且在外汇市场上，政府的干预有限。所以，目前，手中持有外币的人越来越多了。

那么，你知道外汇究竟有什么特点吗？

分析结果

外汇理财具有以下特点。

1. 投资目标特殊

它投资的是一个国家的经济，而股票投资的是一家公司的经营情况。

2. 交易地域、时间特殊

它属于全球性的买卖，涉及整个世界的金融，不会被任何人士、银行或国家操纵。而从交易时间上，它是24小时，东西方世界可不间断进行，可以在任何时候、任何地点交易。而股市一般都是白天交易。因此，也可以说它的灵活度高。

3. 双向交易

一般股票投资只有涨的时候才能赚钱，而外汇理财，既可以买涨，也可以买跌。这样，赚钱的机会就比股票多一倍。只要选对交易方向，就没问题。

4.无套牢的风险

外汇市场极为灵活，在24小时内，可以任意选择出场，不会发生无法出场而被套牢的风险。

债券其实是个香饽饽

朱先生是一名退休人员，因为工作多年，所以略有积蓄。当看着自己存折上的这笔钱时，他暗暗盘算，想要投资股市。股票虽然风险大，但是收益高，能用有限的钱去挣最多的钱。于是，他就将一部分钱投入了股市。

同时，他也想到了要规避风险，就又买了一些债券，每遇到发行债券的时候，都购买一些。渐渐地，王先生也体会出了一些投资之道。

半年后，他回顾这段时间的经历，觉得虽然投入就不能计较结果，但是投在股市上的钱没让他少操心，结果还有不少股票被套，到头来在股市上不但没赚钱，反而亏了不少。相反，他以前为了抵充股票投资风险而购买的债券收益却在上涨。他想也可能是因为股市情况不佳，所以债券情况比较看好，但回过头再思考，平时债券的收益也一直是很稳定地增长。

对此，朱先生得出了一个结论："股市虽然能让人心动，可也能在一夜之间颠覆人的财富，而债券虽然增长得慢些，但比较踏实。选来选去，还是债券最好、省心！"

在你眼里，你觉得投资股市好还是投资债券好？

分析结果

债券如今受到了广大理财者的热心追捧，在众多的债券品种当中，如何选择一种债券进行理财，对于收益的实现非常重要。

债券是政府、金融机构、工商企业等机构直接向社会借债筹措资金时，向投资者发行，并且承诺按规定利率支付利息并按约定条件偿还本金的债权债务凭证。

在众多理财工具中，债券具有极大的吸引力，主要有以下几个方面的优势。

1. 安全性高。

2. 操作弹性大。

3. 扩张信用的能力强。

4. 变现性高。

5. 可充作资金调度的工具。

6. 可做商务保证之用。

基于上述种种优势，许多理财者都把目光聚集到它身上，并且公认其为个人理财的首选。

期货也是不错的选择

王志远20世纪70年代从内地到香港谋生，他1976年春来到香港，无意间进入了期货贸易这个陌生的天地，没想到就是这样的无意，让他开始了自己的投资生涯。

有一次，一位布厂老板让王志远替他买下100张日本棉纱合约，他以为日本的棉纱行情不错，一定可以大赚一笔。谁知事与愿违，日本市场疲软，这批期货1个多月都无法脱手，造成资金积压。王志远和布厂老板都急得像热锅上的蚂蚁。

正在此时，唐山发生了大地震。而唐山是红豆的主产区，这次地震一定会大大减少红豆的产量。王志远听到这个消息后，感到机遇来了，马上去见了布厂老板。第二天，王志远买下了100张日本红豆合约。有好心人劝他，既然那100张棉纱都已经被套牢了，就不要再做蠢事，王志远并没有理会。

不久后，红豆价格暴涨。王志远将手中的合约尽数抛出，所赚取的钱不仅弥补了买入棉纱合约的损失，还赚了一大笔。

王志远从这件事上了解到要在期货市场有所成就，就必须充分掌握信息，并且要通晓各种知识。之后，他勤奋自学，并且时时关注一切可能引起期货市场波动的信息。

就这样，王志远以其特有的商业直觉和善于抓住机遇的能力，在期货市场中任意驰骋，取得了极大成功。

你对王志远的做法赞同吗？你对期货投资了解多少？

分析结果

投资实践中，像王志远这样从期货市场中获得巨大收益的人有很多，这就影响越来越多的人加入期货投资的行列中。然而，依然有很多人对期货抱一种“喜欢却不敢靠近”的态度，觉得期货是一种很高深的东西，难以把握。其实，期货投资并没有我们想象得那么难。

期货投资，通俗点说就是利用今天的钱，买卖明天的货。期货是期货合约的简称，是由期货交易所统一制定的一种供投资者买卖的投资工具。

期货合约规定了在未来一个特定的时间和地点，参与该合约交易的人要交割一定数量的标的物。所谓“标的物”，是期货合约交易的基础资产，是交割的依据或对象。

附　录

商业思维培养游戏

发散思维，掘金的“宝典”

发散思维经常被世界各地的精明商人运用，并且给他们带去了丰厚的利润。下面这个游戏可以训练孩子在最困难的情况下，如何进行发散思维，开动脑筋解决问题，完成那些“不可能完成”的任务。让孩子在体会游戏快乐的同时，很好地锻炼发散思维能力。

游戏说明

参与形式：4 人一组

时间：30 分钟

场地：室内

材料：卡片

游戏步骤

1. 把游戏参与者分组，每组 4 人，然后发给每组一个任务卡。每张卡上写着一件商品的名字以及它应卖给的特定人群。值得注意的是，这些人群看起来并不需要这些商品，实际上应该完全拒绝这些商品。比如，向生活在热带的人销售羽绒服，向生活在四季寒冷地区的人销售冰箱等。总之，每个小组面临的挑战是，销售不可能卖出的商品。

2. 每个小组应根据任务卡的要求准备一条 30 秒的广告语，用来向特定人群推销商品。该广告应注意以下三点。

首先，该商品如何改善特定人群的生活。

其次，这些特定人群应怎样创造性地使用这些商品。

最后，该商品与特定人群现有的特定目的和价值标准之间如何匹配。

3. 给每组 20 分钟的时间，按照上述三点要求写出一个 30 秒钟的广告语，要注意趣味性和创造性。

4. 其他人则扮演特定人群，认真倾听该小组的广告词，根据广告能否打动他们，是否激起了他们的购买欲望，是否能满足某个特定需求来做出判断。最后通过举手表决的方式，统计出有多少人被说服而购买了这个产品；有多少人觉得这些推销员很可笑，简直是白费力气。

5. 选出优胜的一组，给予奖励。

游戏建议

做这个游戏的时候，你们需要先思考一下几个问题。

1. 在推销你们组的商品时，你们是怎么分析特定人群和此商品的关系的？你们是否考虑过他们的习惯、需要、想法和价值标准？

2. 为了与你们的客户甚至是反对你的人沟通，你们需要做出哪些让步和牺牲？

3. 善解人意在我们的生活和工作中起着何种作用？做到这点是否给我们带来了好处？

柔性思维，商人的智慧

在当代企业的竞争中，生存胜于一切，这已成为一个颠扑不破的真理。柔性思维告诉我们，赢得财富的生存之道是守弱和应变。这也是对孩子进行财商教育的重点。

游戏说明

参与形式：集体参与

时间：20 分钟

场地：室内

材料：事先准备好的婚礼请柬

请柬一：给长辈

你是新娘行事谨慎的长辈。你知道她本可以获得美满的婚姻。你的角色：讨价还价。在这个阶段，感到内疚和困惑。我们想要重新获得控制的感觉，因此我们讨价还价，或者做“交易”来阻止情形失控。这些交易，可以是和我们自己或者他人进行的。典型的语言有：“那好，我会让他们维持这段婚姻直到蜜月之后，然后我们看吧。”“如果上帝允许我脱离这个困境，我将永远再也不要求什么了。”

请柬二：给新郎的远房表妹

你是新郎仍旧独身的远房表妹，你本来希望你们能够结合。你的角色：沮丧。在这个阶段，我们已经逐步认识到，情形再也不可能逆转了，我们感到很伤心。我们可能意识到了，也可能没有意识到，这就是我们的感觉。我们的沮丧通过我们自己的行为清楚地表现出来。比如，睡得太多或太少，消沉，过量饮食（过量饮酒）。典型的语言有：“不，我太累了，不想诅咒什么。我还是坐在这儿，写一曲死亡的挽歌吧。”“我好像弄坏了这双昂贵的新鞋的后跟儿，哼，谁在乎呢？”“这儿有什么地方可以让我躺一会儿吗？”“没有希望了，我打算永远也不结婚了。”

请柬三：给新郎年幼的弟弟或妹妹

你是新郎年幼的小弟弟或妹妹。你的角色：希望。在这个阶段，我们已经无可奈何地接受了新情况，并对此保持乐观。我们开始观察，这种新状况能如何为将来创造机会。其他人把我们看作非正式的领导者，可以帮助他们把问题处理好。典型的语言有："我很高兴能又有一个姐姐！我们会成为好朋友的。""只要一想到我现在可以拥有哥哥的房间了，我就兴奋不已！""如果有人愿意嫁给我哥哥这种人，那我是不会有什么问题的。"

请柬四：给新娘或新郎最要好的朋友

你是新娘或新郎最要好的朋友，而你非常不喜欢你的朋友的配偶。你的角色：否认。在这个阶段，典型行为是，好像没什么不对，情况和变化并没有影响我们。本质上来说，我们正在逃避应付变化的情况。典型的语言有："他现在结婚了又怎么样？我们还不是像以前一样，每周末去酒吧喝酒。""我的朋友结婚只是为了得到更好的健康保险，因此，他并没有真的爱上她。""我还能再吃四块蛋糕——在婚礼上多吃点儿东西，含的热量多一点儿，算不了什么。""并不能因为我在啜泣，就说我心烦意乱。我没事儿。真的，我为他们感到高兴。胡扯。"

请柬五：给新人过去的挚友

你是新娘或新郎的挚友。你的角色：接受。在这个阶段，我们逐渐被正在变化的情形吸引。我们正在努力重新获得力量，并寻求新的方法来满足我们的需要。典型的语言有："好啊，很明显，我是这里唯一的单身汉。哦，也许我可以和乐队的那个人聊聊？""我应该面对现实，他现在结婚了。""也许这儿的什么人能给我提供一份好工作。我的名片放哪儿了？"

请柬六：给新人过去的恋人

你是新娘或新郎过去的恋人。你的角色：生气。在这个阶段，我们最终承认情况已经改变，但我们感到无助和懊恼。我们相信自己正在失去对我们来说很重要的东西，并认识到自己无力改变它。典型的语言有："我真不敢相信这两个家伙居然结婚了。""去参加葬礼也比来参加这个宴会要好得多。""这个婚姻一定不会有什么好结果。""那两个人没有一点儿共同语言。我敢打赌，这段婚姻只能维持一个月。"

游戏步骤

1. 将预先准备好的婚礼请柬发给大家，确保每个角色都有一个人扮演，给大家一些时间让他们熟悉自己的角色。

2. 给每个人一张卡片，让他们写上自己的姓名和他们将要送给新郎、新娘的礼物，可以是最古怪的或者最俗气的，但一定要符合他们所扮演的人的身份。他们可以选择在婚礼的任何时候将礼物交给游戏主持者扮演的新郎、新娘，以最能表现他们的情绪为佳（如果在现实生活中，谁确实送过这样礼物，给他加分）。

3. 游戏的主持者现在宣布婚礼开始。大家可以随意走动、聊天，其间要想方设法按照卡片给他们的角色表达情感。他们必须不断地相互交流，直到双方都明白对方的意思为止。

4. 10 分钟以后，结束游戏，请大家各自描述一下所扮演的角色和所送的礼物，以及所用的表达情感的方式，选出最具创意的演员。

游戏建议

这是一场有趣的虚拟婚礼，重在考验人的应对能力。面对各种各样的难题，我们要如何应对才能使婚礼圆满呢？

提醒大家的是：

1. 不管遇到什么样的情况，我们都要积极应对。善于应对的人总是会在变化来临的时候应对自如，即便有些有价值的东西需要被放弃，或者要认同一些他们反感的事物，他们也能很快地适应。

2. 充分展现幽默感。赠送给新郎、新娘千奇百怪的礼物反映了一个人的幽默感。幽默同时也是一种创造，只有思维活跃、富有创造力的人才能明白怎样将自己的感情适当地通过一件东西表达出来，并不失幽默。

简化思维，创造巨大财富

简化管理是一种很重要的商业思维法则，所谓的简化管理，并不是把众多相关因素一股脑儿地剔除，而是要剔除复杂的形式，发现简单的实质。

游戏说明

参与人数：不限

时间：10 分钟

场地：室内

材料：无

这个游戏主要训练孩子的思维分析能力，锻炼他们的逻辑思维能力。

游戏步骤

1. 游戏发起者给大家讲述以下内容。

从前，有三个学生住店。这家旅店的房价是每间 450 元。三个人决定合住一个房间，于是每人向店老板支付了 150 元。后来，老板见三人可怜，又优惠了 50 元，让店里的伙计还给三人。伙计心想：50 元三个人如何分？于是自己拿走 20 元，将剩余的 30 元还给了三个学生。问题是：每个学生实际上各支付了 140 元，合计 420 元。加上店伙计私吞的 20 元，等于 440 元。

2. 问问大家，还有 10 元钱去了哪里？

游戏建议

实际上这个问题没有我们想的那样难，只要掌握了思考的方向，很快就能解决。问题的答案是这样的：钱并没有丢，只是计算的方法错误。伙计拿去的 20 元钱就是三个学生总共支付的 420 元钱中的一部分。420 元减去 20 元等于 400 元，正好是旅店入账的金额。400 元加上退回的 30 元，再加上店伙计拿走的 20 元，正好是 450 元，这才是三个人一开始支付的房钱总数。

游戏结束后可以讨论如下的问题：

1. 你被文中的题绕进去了吗？

2. 你是怎么分析这个问题的？

创新思维，创造无尽财富

创新思维会帮助我们向财富靠近，创新思维在游戏中可以得到锻炼，运用到商业上，就会创造出无尽的财富。哈佛人经常采用游戏的方式来培养学生的财商。

游戏说明

参与形式：3 ～ 5 人一组

时间：10 分钟

场地：不限

材料：每组一套七巧板

20 世纪七八十年代出生的人大概对《七巧板》都不陌生，那是中央电视台一个非常有名的少儿节目的名字。也许那时并没有想过七巧板是什么意思，现在想来应该是有各种各样的图形，可以巧妙地拼出各种各样精彩的节目。这个游戏需要发挥大家的想象力和创造力，它可以成为一个训练团队的合作和沟通精神，使大家充分发挥想象力的工具。

游戏步骤

1. 培训者将大家分成 3 ～ 5 人一组。

2. 发给每组一套七巧板，要求他们在 5 分钟之内将其拼成一个正方形。

游戏建议

在这个游戏中，虽然每个小组手中都有一套七巧板，但是要用它在短时间内拼出一个正方形并不容易，关键是看大家能不能转换思维，团队与团队之间形成互补，用大家的七巧板共同拼出各组的正方形，才能达到共赢。

此外，组员之间的沟通是非常重要的，可以消除部分人的抵触行为，同时让大家都明白必须彼此合作，才能达到目标。

建议主持者与大家一起讨论下面的问题。

1. 在拼图的过程中，你们小组是如何利用资源的？个人在拼图的过程中扮演了什么样的角色？

2. 单用你们小组的图形是否能完成任务？有没有想过与其他小组合作，互通有无，来达到各自的目的？

突破传统思维，挖掘潜藏宝藏

要想在财富大道上走得更远，我们就需要转变思维方式，突破传统的思维定式，发掘潜藏在眼前的财富。

游戏说明

参与人数：不限

时间：5～10 分钟

地点：不限

材料：无

这是一道微软用来测试应聘者的试题。它主要考查受训者的逻辑思维和判断能力，同时也给游戏的参与者一些关于问题解决方法上的启示。

游戏步骤

1. 有两个房间，一间房里有 3 盏灯，另一间房有控制这 3 盏灯的 3 个开关。这两个房间是分隔开的，从一间里不能看到另一间的情况。

2. 现在要求游戏参与者分别进这个两房间各一次，然后判断出这 3 盏灯分别是由哪个开关控制的。

想一想有什么办法可以办到呢？讨论后培训师揭开谜底。

3. 答案：

（1）先走进有开关的房间，将 3 个开关编号为 a，b，c。

（2）将开关 a 打开 5 分钟，然后关闭，然后打开 b。

（3）然后走到另一个房间，即可辨别出正亮着的灯是由b开关控制的，再用手摸另两个灯泡，发热的是由开关a控制的，另一个就是开关c控制的了。

游戏建议

发散性思维是一种很重要的能力，做这个智力题的时候要突破传统的思维定式来解决问题。建议游戏结束后讨论以下问题：

1. 请游戏参与者说出解决这个问题的关键在哪里。

2. 有没有想过电能可转化为热能的特性。

管理金钱的“黄金法则”

家长在培养孩子财商的时候，不但要重视对他们赚钱能力的培养，还应重视对他们理财能力的培养。对金钱管理能力的培养，是他们每一学期的必修课。

游戏说明

参与人数：不限

时间：5分钟

场地：不限

材料：孩子自己准备的零钱

主持人询问参与游戏的人，对赚钱感不感兴趣。答案当然是肯定的。下面是一个可以迅速提升你金钱管理能力的游戏。

游戏步骤

1. 让所有人拿出1～20元的零钱，拿在手上，在接下来的3分钟（视人数多少而定，一般50人用这个时间）让他们相互换钱，见人就换。

2. 用强劲的背景音乐伴随大家的换钱活动，3 分钟以后音乐停，游戏停。

3. 让赚了钱的举手，赚 10 元以上的人到讲台上来；让亏损的人举手，亏损 10 元以上的到台上来。然后，跟大家分享一下各自是如何玩的。

游戏建议

在这个简单的游戏当中不仅可以看出不同人的金钱观念，更重要的是能看到他们对金钱的管理能力，还能从侧面反映他们的沟通能力。

做游戏的时候，我们从中可以发现一个人参与游戏的态度将会决定游戏的结果。需要注意以下问题。

1. 态度会影响结果。在这个活动中，抱有赚钱想法的人，就有赚钱的可能。而那些抱着玩的态度的人，他们也许会很幸运地赚到一些钱，但是亏钱的可能性更大些。

2. 在游戏开始的时候，大家一般不会多想，完全是凭借潜意识在玩，由此也能看出很多人的人生态度。你在潜意识中的一些信念会自动促成你的行为，结果就是你当初的想法。这个游戏不仅让你对赚钱有一个深刻的体验，还能让你建立良好的人际关系。

换位思考，抓住他人致富绝招

在很多商业思维法则中，换位思考是很重要的一种思维方式，这种思维在商业沟通中经常会凸显它巨大的魅力。下面这个哈佛经典的游戏就是培养换位思考的。

游戏说明

参与人数：集体参与

时间：10 分钟

场地：室内

材料：无

人与人之间的交流可以通过很多形式达成，如表情、动作和语言等。在人际交往中，缺少上述某一项都有可能使交流受阻。这个游戏就是通过几个步骤的训练，让参与者体会表情、动作和语言在人际交流中的重要性。

游戏步骤

1. 每人脸朝天花板，面无表情地随意走动，遇人转开。

2. 每人脸对自己脚尖，面无表情地随意走动，遇人转开。

3. 每人看他人脸，面无表情地随意走动，遇人转开。

4. 每人看他人脸，面带微笑，随意走动，遇人点头。

5. 每人看他人脸，面带微笑，随意走动，遇人握手。

6. 每人看他人脸，面带微笑，随意走动，遇人握手，心中说“我喜欢你”。

7. 每人看他人脸，面带微笑，随意走动，遇人握手，口中说“我喜欢你”。

游戏建议

对于每个人来说，沟通技巧不是天生就有的，即使有些人在这方面有天赋，也离不开后天的训练。这个游戏虽然简单，却能让我们大家一步步体会交流形式的丰富和必要。在游戏中主持者应该让参与者思考该怎样改进工作态度。游戏结束后建议讨论如下问题。

1. 当大家都面无表情地走动时，你是否感觉不自在？

2. 当别人主动向你打招呼或握手时，你是否很感动？

3. 从这个游戏中你体会到了什么道理？它对你的学习有帮助吗？

善于发现，生活处处是黄金

不管是走过的昨天，还是现在拥有的今天，抑或是充满憧憬的明天，只要生活在继续，我们追求财富的脚步就在继续。我们应该注重培养孩子在生活中寻找黄金的思维方式。

游戏说明

参与人数：6 ～ 18 人

时间：25 分钟

场地：室内

材料：代表过去、现在、未来的画面

这是一个即席游戏。它很简单，且能给人带来很多启发。

游戏步骤

1. 每个小组要向其他小组展示三个舞台造型。这三个舞台造型要求画面不变或者静止不动，依次代表过去的情形、现在的情形，以及你所希望的将来的情形。

2. 在舞台上进行演示，人可以演人，也可以演物体，也可以扮演自己之外的任何人。只允许少量的必要解说，画面应该尽可能多地表现自我。

3. 参与者有 15 ～ 25 分钟的时间来准备这三个舞台造型。

表演的时候，要依次保持每个造型30秒左右，以便大家能了解到全部的细节。

游戏建议

参与游戏的人可以在过去、现在和将来的对比中发现自己生活的变化。发现变化需要大家认真思考自己的生活。可以想想过去和将来与现在的距离。在游戏结束后讨论如下问题。

1. 你从每个组的造型中观察到的主要信息是什么？

2. 别人传达的那些是你打算传达的信息吗？

3. 要达到所展示的将来形象，我们必须做些什么？

以退为进，稳步迈向财富的巅峰

“退一步海阔天空”，以退为进是商人的一种筹谋艺术。他们用这种方法指导自己的商业活动，往往能使他们从绝境走出，迈向财富之路。

游戏说明

参与形式：集体参与，单独操作

时间：10～15分钟

场地：不限

材料：每个参与者一张21.59×27.94厘米的纸，三张7.62×12.7厘米的索引卡片，一支钢笔或铅笔

游戏步骤

1. 让游戏的参与者想出三件他们最喜欢做的事情，并把它们分别列在三张索引卡片上。要求他们一定要写得比较具体。例如，不应该写“吃东西”，应该写“吃中国菜”；应该写“垒

球”或“篮球”，而不是“体育运动”。

2. 在每件事下面，让参与者列出他们喜欢这件事的主要原因。对于“中国菜”，原因可能有：“因为它很清淡，而且非常好吃”；或者“因为它总是被那么优雅地端上来”；或者是“因为它和美国食品是那么不同，我喜欢多种多样”，等等。让他们列出自己之所以喜欢的原因，但不要让其他人看到。

3. 将游戏的参与者分成 2 人一组，分别为 A 和 B。

A 装扮成一名巫师，凭他惊人的直觉猜一猜 B 喜欢这件事的原因。问题是，A 作为巫师似乎很糟糕。通常，A 的估计与实际情况只有一点儿牵强附会的联系。

B 绝对不可以不同意巫师说的话，无论巫师说什么，B 必须接受。

B 首先看一下卡片，可能说道：“我喜欢到舞厅跳舞。”

A 立即说：“你当然喜欢。”然后继续提供一个“不寻常”的解释：“那是因为在舞厅跳舞能吃到非常好吃的点心，而且你喜欢吃点心，特别是流行的水果馅饼。”

无论巫师说的话多么奇特，B 必须同意并确认：“是的。”B 也许会说：“那是一个促进食欲的好方法，而且还能碰到熟人。事实上，我碰到过我最好的朋友琳达。我们都在休息的时候一道去吃流行的水果馅饼。”

A 顺着 B 的解释接着说下一句，如：“你的朋友琳达更喜欢吃硬饼干类的点心。”

B 确认这句话，继续往下。在谈话过程中，B 可以选择另外一张卡片，请巫师猜一猜他喜欢这件的原因。

4. 给每组大约 3 分钟进行对话，然后交换角色。A 选择一张卡片，讲一件事，如："我喜欢放风筝。" B——新的糊里糊涂的巫师说："你当然喜欢！那是因为海鸥喜欢追逐风筝！" A回答："确实，当我带着风筝出去的时候，我看见许多海鸥。它们好像最喜欢蓝色。"

5. 3分钟后叫停。

游戏建议

这是一个"重塑自我"的游戏，在游戏的过程中需要大家放弃预先制订的计划，以便更好地跟大家沟通。参与游戏的人要根据环境的变化调整自己的想法和语言。这就是说，他们一定会认真地听取周围人的观点，调整他们事先形成的想法，以适应他们的搭档的语言和想法。

做这个游戏的时候，需要思考以下问题。

1. 放弃你原先想好的原因，快速地想出一个理由，接着巫师的话往下说，是不是很困难？在现实生活中，有的人并没有了解你的意思，你一般会有什么反应？产生什么感觉？

2. 这个活动是怎样锻炼你的倾听和诉说能力的？

3. 在游戏中，一名参与者突然说出一个出乎意料的想法，你会怎样反应呢？如果你需要其他游戏参与者的帮助，你会怎么说？

4. 如果每个人总是乐意接受你的想法，又会怎么样呢？如果你总是接受他们的想法，你觉得人们会如何看待你？

保持头脑冷静，向财富靠近

在商战中，千万不能放任自己的情绪，因为只有冷静的人才能清楚分析各种形式，一旦被坏情绪冲昏了头脑，财富就可能会离你远去。

游戏说明

参与形式：全体参与

时间：15～20分钟

场地：室外

材料：节奏欢快的轻音乐，网球

这个游戏会给参与者带来很多的思考。做这个游戏可以有两套方案。

方案一：

1. 在游戏开始的时候，让全体成员围坐在一起，如果人数太多可以分组进行。

2. 给大家3分钟的时间，思考一下最近学习上的两个大收获。

3. 播放背景音乐，由听众中胳膊最长的人开始进行分享。

4. 分享完后，该人将手中的网球任意抛给一人，游戏继续进行。

5. 当全体人员分享完一遍后，主持者再次系统地进行简要的回顾式分享。

方案二：

1. 游戏开始后，让全体成员围坐在一起，如果人数太多可以分组进行。

2. 播放背景音乐，给大家3分钟的时间，思考一下最近学习中最大的收获。

3. 由听众中胳膊最长的人开始，将自己的收获转化成一个问题，然后将手中的网球任意抛给一人，请此人来回答。

4. 如果回答正确，则游戏由此人继续；如果回答不正确，则由发问者来补充，补充完毕后，发问者可以拿一个充气的塑料玩具，惩罚性地击打对方头部一次，然后，由被打之人继续游戏。

5. 后面的发问者，要将球抛给那些没回答过问题的人。

6. 当全体人员发问完一遍后，游戏的主持者要进行系统的简要的回顾式分享。

游戏建议

参与者在这个游戏中尽管在分享，但是要注意以下两个问题，这样才能让游戏更圆满。

1. 在第二种玩法中，应提示参与者，惩罚别人的时候不要太用力。

2. 在第二种玩法中，还可以将惩罚改为奖励，奖励那些成功解答的人。